EL DULCE LAMENTAR DE DOS PASTORES
(ÉGLOGA TRASHUMANTE)

Sergio Adillo

XVII Premio SGAE Leopoldo Alas Mínguez

fundación sgae

Sergio Adillo
EL DULCE LAMENTAR DE DOS PASTORES (ÉGLOGA TRASHUMANTE)
Primera edición, 2024

© De *El dulce lamentar de dos pastores (égloga trashumante)*: Sergio Adillo Rufo
© De la Presentación: Pablo Peinado Céspedes
© Del poema "A Leopoldo Alas Mínguez": Javier Navarro de Zuvillaga
© Del Prólogo: José Ramón Fernández
© Para esta edición: Fundación SGAE, 2024

Coordinación editorial: Pilar López
Diseño gráfico y de cubierta: José Luis de Hijes
Maquetación y procesos digitales de edición: spandaeditorial.com
Corrección: Susana Pulido
Imprime: Estugraf Impresores, SL

Edita: Fundación SGAE
Bárbara de Braganza, 7, 28004 Madrid
publicaciones@fundacionsgae.org
www.fundacionsgae.org

ISBN: 978-84-8048-956-0
ISBN electrónico: 978-84-8048-957-7
D L: M-18978-2024

Índice

Leopoldo Alas Mínguez, in memoriam 5

Presentación: *La posibilidad de convertir una égloga
clásica en una* road theatre *contemporánea*
Pablo Peinado Céspedes 7

Prólogo: *Palabras de oro en un lugar ameno*
José Ramón Fernández 11

El dulce lamentar de dos pastores 15

AMANECER

    1. LA RESPIRACIÓN 27

    2. NATURALEZA MUERTA 31

    3. CALIENTAMANOS 35

LA MAÑANA

    4. ÉXODO 43

    5. UNA CANCIÓN 51

    6. LA CERVEZA NO ES AGUA 55

MEDIODÍA

    7. EL RECUENTO 63

    8. OTRA OVEJA NEGRA 69

    9. SUEÑO O SOPOR O SIESTA 75

LA TARDE

    10. DOS BOTELLAS 83

    11. *ET IN ARCADIA EGO* 89

    12. DEFENSA DE LA INUTILIDAD 95

ANOCHECER

13. El perro es un lobo para el hombre 103
14. La fiesta del cordero 109
15. La tradición familiar acaba aquí 113

Leopoldo Alas Mínguez, *in memoriam*

Sorpresivamente, el día 1 de agosto de 2008 moría, tras dos días en coma en un hospital de Madrid, Leopoldo Alas Mínguez, escritor, sobrino biznieto del autor de *La Regenta*. Aunque nunca se hizo oficial la causa de su muerte (la enfermedad final fue una neumonía), quizá el sida estuvo en el origen de su prematuro fallecimiento a los cuarenta y seis años. Una víctima más de las muchas que causó esta pandemia ahora casi olvidada.

Al día siguiente de su muerte, aún en estado de *shock* por la rapidez con la que se produjo el fatal desenlace, Javier Navarro de Zuvillaga escribió el poema que acompaña estas líneas en homenaje y recuerdo al amigo perdido. Un poema inédito que aparece por primera vez en estas páginas.

Alas Mínguez nació en Arnedo (La Rioja) en 1962, pero la mayor parte de su vida transcurrió en Madrid, primero en el de la Movida, durante los años ochenta, y más tarde en el de la post Movida de los noventa y primeros años del siglo XXI. Estudió Filología Italiana en la Complutense y a lo largo de su carrera literaria creó y dirigió revistas (*Signos*), publicó artículos en prensa (*El Mundo*, *Shangay*, *Zero*…) y fue autor de una rica (aunque breve) serie de obras entre poesía y novela, además de rarezas como libretos de ópera. Pero si algo le distinguió de otros intelectuales fue que reunió en torno suyo a un nutrido grupo de creadores, creadoras y artistas –escritores y escritoras, compositores y compositoras, actores y actrices…– que eran amigos y también seguidores de Leopoldo (o Polo, como le llamaban los más allegados). Ruth Toledano, Ajo, Pepe Infante, Javier Lostalé, Paco Clavel, Paola Dominguín, Enric Benavent, Javier Álvarez, Javier Navarro de Zuvillaga, Máximo Pradera,

Daniel Sarasola o Joe Borsani, entre muchos otros y otras, se han encargado de mantener vivo su legado, especialmente en un país tan olvidadizo como este, que tiende a dejarse arrastrar por las novedades y a dejar perder la memoria.

Por eso me siento orgulloso de haber obtenido el permiso de la familia de Leopoldo para poner su nombre a este premio literario internacional, conocido por sus iniciales: LAM. Si en un primer momento nos beneficiamos de su ilustre apellido, ahora quiero pensar que somos nosotros los que ayudamos a que su figura siga en nuestro recuerdo gracias a este certamen teatral que, sin duda, a él le habría llenado de orgullo. No dejemos que el olvido caiga sobre él como una losa que sepulte su legado.

Pablo PEINADO CÉSPEDES
Presidente de la Asociación Cultural Visible

A Leopoldo Alas Mínguez

De tu miedo hiciste una proeza,
Y de tu amor piedra de pedernales
Con que encender a todos los mortales
Para poder salir de tu tristeza.
Bailaste con el ángel y el vampiro,
Sin tú saber muy bien con quién bailabas.
Y entre el blanco y el negro tú dudabas
A quién correspondía ese suspiro.
Leopoldo, buenas alas te dio el cielo
Para sobrevolar a los mortales
Y en ello te empeñaste con gran celo.
Tu ángel y tú ya sois inmortales
Y en esa condición tendrás consuelo
Solo por no sufrir más estos males.

Javier NAVARRO DE ZUVILLAGA
Valdemorillo, Madrid, 2 de agosto de 2008

La posibilidad de convertir una égloga clásica en una *road theatre* contemporánea

El dulce lamentar de dos pastores (égloga trashumante) de Sergio Adillo es el texto que el jurado del XVII Premio SGAE Leopoldo Alas Mínguez para obras teatrales LGTBIQ+ consideró el mejor de entre los presentados. El jurado estuvo conformado por Juan Carlos Mestre y Celia Morán, ganadores de la anterior edición con *Vagos y maleantes*, así como por Lola Correa, Joan Nave y yo mismo en calidad de presidente.

Pensamos que *El dulce lamentar de dos pastores* es una obra con identidad propia, lírica y cruda, pura tierra, que a medida que avanza se va convirtiendo en un artefacto onírico y mitológico. A través de lo cotidiano y lo costumbrista, el autor alcanza lo extraordinario.

El texto está protagonizado por dos personajes unidos por lazos de sangre, aunque muy diferentes entre sí, que caminan juntos por el campo mientras conducen un rebaño de ovejas. Así la acción se desarrolla como inicial égloga, en un *locus amoenus*, cuya traducción literal sería "lugar ameno" pero que en realidad hace referencia a la vida en un lugar apartado del ruido y las tentaciones, o al menos esa es la fantasía que trata de sostener el protagonista más joven. De hecho, era una de las cuatro aspiraciones del ser humano en el Renacimiento. Las otras tres eran *carpe diem* ("vive el momento"), *tempus fugit* (que implica ser consciente de la rapidez con la que pasa el tiempo) y *beatus ille*, que viene a ser una alabanza de la vida sencilla del campo frente a la vida complicada de la ciudad. Como podemos ver, unas ideas que siguen vigentes en nuestra forma de entender la felicidad o la vida ideal en el siglo XXI.

El dulce lamentar de dos pastores juega con otros elementos fantasiosos al presentar a practicantes femeninas de natación sincronizada como ninfas del río, hacer hablar a perros y ovejas, introducir las acotaciones como un personaje más o usar el metateatro, de manera que los personajes a veces son solo personajes y en otras ocasiones son conscientes de que son actores interpretando personajes que entran y salen de su rol, rompiendo así la cuarta pared.

El tema de la relación entre padre e hijo planea todo el tiempo sobre esta obra, cuyo tema central es ese difícil vínculo entre dos personas tan diferentes que, pese a todas las dificultades, tratan de entenderse. Todos hemos tratado de entender a nuestros padres con mayor o menor fortuna, aunque muchas veces sus vidas y las nuestras se parecían tan poco entre sí como si proviniésemos de planetas diferentes. Porque los hijos de la España rural que nos hemos criado ya en ciudades hemos visto a nuestras familias vivir una vida que todavía conservaba grandes vínculos con la naturaleza, con el mundo del campo, las plantas y los animales. Pero para nosotros ese mundo tiene más que ver con la memoria literaria o cinematográfica que con la propia experiencia. De mi generación (la del *baby boom*) en adelante somos hijos de la ciudad, un ecosistema que se parece muy poco al que conocieron nuestros padres y abuelos, en el que la electricidad y el agua corriente eran dos recién llegadas, no existían los electrodomésticos, ni la vida digital ni, por supuesto, la IA. Ellos vivieron una vida más próxima a la que se vivía en el siglo XIX y nosotros en cambio somos hijos del siglo XXI.

Por eso es inevitable el choque entre esas dos maneras de ver el mundo. La primera está vinculada con la sabiduría de la vejez, incluido el respeto a los mayores y a las costumbres establecidas por la tradición, en estrecha relación con la naturaleza, en la que alimentarse de los animales de la casa era algo habitual y se pasaba con toda naturalidad de convivir con ellos a sacrificarlos. Este elemento es utilizado en algunos momentos como metáfora de la fallida inmolación del hijo (Isaac) o del padre en venganza por la represión y la violencia sufridas.

Pese a ello, Sergio Adillo ha realizado el complicado ejercicio de unir ambos mundos y, a través de una *road theatre*, ha traído al teatro a un padre remiso, difícil y arcaico para enfrentarlo a un hijo que quiere que veamos todas sus aristas, confrontando los miedos de ambos, así como la complejidad de la relación que mantienen. Una relación continua de amor y odio, puramente visceral, que juega incluso con la muerte. Puro teatro o teatro impuro. Teatro al fin.

Pablo PEINADO CÉSPEDES
Presidente del jurado del Premio LAM

Palabras de oro en un lugar ameno

No se dejen engañar por esa carita de no haber roto un plato. Sergio Adillo es uno de los profesionales más completos y brillantes de las últimas generaciones del teatro español. Es actor, ha sido profesor de interpretación en el prestigioso Laboratorio William Layton. A la vez, es filólogo, profesor en la UNED y un investigador solvente. Ganó el Premio de Investigación José Monleón, convocado por la Academia de las Artes Escénicas y la UNIR. El libro fue prologado por Luciano García Lorenzo, un pionero en España en esto de analizar relaciones entre literatura dramática y escritura escénica, algo imprescindible para que el teatro clásico respire. La vida rima: estuve presente en un encuentro entre investigadores y profesionales del teatro concernidos por el teatro clásico, en Almagro, hace cosa de cuarenta años. Lo coordinaba Luciano, y quiero recordar entre los participantes a figuras como Marc Vitse y María Grazia Profeti, y al director de escena Ángel Gutiérrez. Allí tuve la sensación de asistir a una conversación entre seres de planetas diferentes. No sé hasta qué punto esto ha cambiado; el caso es que Sergio podría respirar en los dos planetas: excelente actor y dramaturgo –será un gran director de escena cuando decida habitar ese oficio–, es además un filólogo que ya ha demostrado su capacidad de análisis nada menos que con Calderón. Menciono esta faceta profesional de Sergio porque su conocimiento profundo de la literatura, su muy amplio acervo, es una de las herramientas que le han permitido construir esta belleza que tiene usted entre las manos.

Carmen Losa me había propuesto que les hablase de literatura a los alumnos de interpretación del Laboratorio William Layton. Fue en el curso de 2009, hace ya quince años. Al año siguiente, mi querido Paco Vidal contó con muchos de aquellos chicos para un

Romeo y Julieta: Antonio de Cos, Carlota Romero, Fernando Escudero, Iván Artiles, Sole de la Barreda, Pablo Méndez, Joaquín Navamuel... había mucho talento en aquella promoción.

Sergio comenzó una estupenda carrera como actor, vinculado a un proyecto internacional de la excelente Lucía Miranda y enrolándose en una compañía muy cercana a esa otra cara de su vocación: la Nao d'Amores de Ana Zamora, entre 2012 y 2016, con la que realiza un trabajo muy especial, *Tiempo de silencio*, adaptación de la novela de Martín Santos que se pudo ver en el Teatro de La Abadía. Siguen trabajos como *Tito Andrónico* –donde el director Antonio Castro Guijosa usaba su aversión a la sangre como medida para "a ver si nos estamos pasando..."– en el Festival de Teatro Clásico de Mérida, etcétera.

Algunos de aquellos alumnos de interpretación del Laboratorio Layton pasaron por el curso de dramaturgia; personas del talento de Antonio de Cos, Paco Bezerra, Iván Artiles, Andrea Jaurrieta, Juan Vinuesa o el propio Sergio Adillo. No es que yo sea un profe extraordinario, simplemente tuve la suerte de ser testigo de los primeros textos para el escenario de mucha gente con talento, de modo que por ahí se pueden leer unas decenas de obras muy interesantes, que no tienen otra cosa en común que su discurrir por aquellas tardes en la calle Aniceto Marinas. Algunos no han seguido escribiendo. No es obligatorio dedicarte a algo que se te da muy bien. Sergio podría haber sido de aquellos que no siguieron escribiendo, porque además de esto, como ya he dicho, se le dan bien muchas cosas. Creo que no he mencionado que también es poeta, profesor universitario, dibujante y que a veces se pone gamberro y se viste de señora y va por las calles promocionando el folclore extremeño... Afortunadamente, ha vencido el veneno de la literatura y esta obra ha terminado llegando, de momento, al papel.

En aquellas clases tejió Sergio parte de esta obra maravillosa. Allí nos contó las dos líneas de diálogo que son lo que allí solíamos calificar como la primera escena, la escena de inicio. Suelo poner el ejemplo de la película *Magnolia*, de 1999. Su autor cuenta que la escena de inicio fue aquella en la que el padre llama a la puerta de la hija y esta le recibe con insultos, casi con violencia. Hablamos de escena inicial porque a partir de esa imagen, de esas pocas palabras, tomamos impulso para todo lo demás. Luego puede ser la primera escena, o la última, o quedarse en el camino. Un día, en la clase de escritura del Laboratorio, Sergio nos contó aquel diálogo: "Padre, soy gay". "Hijo, nosotros somos del mundo rural". Nos reímos. Parece un diálogo de comedia. Era su puerta de entrada a una historia que tiene dos elementos esenciales: el ajuste de cuentas con todo su pasado (el padre, el campo, el miedo...) más otro elemento que le da grandeza: un profundo amor.

La obra ha ganado el Premio Leopoldo Alas Mínguez y, salvo esas dos frases, no parece haber alusión al mundo LGTBI. Creo que, sin embargo, reposa en toda la obra una de las cuestiones que más conflicto pueden generar: la aprobación, la aceptación de que eres lo que eres, por parte de aquellos a quienes amas. Existe eso que Unamuno llamó "el aire del siglo" cuando algún crítico lo acusó de imitar a Pirandello. Sencillamente, hay cosas que están en la vida y es normal que dos artistas nos ofrezcan historias con algún parecido. Al lector, esta obra de Sergio le puede recordar la penosa relación de *Falling*, de 2020, escrita y dirigida por Viggo Mortensen, solo que Sergio la había empezado a escribir mucho antes. Pero ahí está. "Soy gay, acéptame, padre. Y tenemos muchas cuentas pendientes".

Esas cuentas pendientes tienen que ver con una Arcadia perdida, con un mundo rural que, si era duro y hostil para el niño, ahora vive una decadencia que llena al joven de dolor. Todo eso, ese *locus amoenus*, ese "desprecio de Corte y alabanza de aldea", ese Tajo con aguas de oro, ese silencio en el que "solo se escuchaba un suave susurro de abejas que sonaba", todo Virgilio, todo Garcilaso, nos lo ofrece Adillo con la sabiduría de quien se lo ha leído todo sin atragantarse, con la delicadeza de un poeta, con un humor gamberro que eleva el tono y con un conocimiento del tiempo y el ritmo en el drama difíciles de igualar.

Tiene usted la suerte de estar ante un libro que se va a recordar durante mucho tiempo. Tiene usted la suerte de que, le quede cerca o lejos el pastoreo, la meseta, el Tajo, el Segura, se va a encontrar con algo muy muy familiar. Recordaba Arthur Miller en sus memorias que, días después de haber estrenado *Muerte de un viajante*, Elia Kazan, que la había dirigido, le llamó por teléfono y tras un silencio comenzó una larga conversación con estas palabras: "Mi padre...".

José Ramón FERNÁNDEZ
Dramaturgo

EL DULCE LAMENTAR DE DOS PASTORES

DE DOS PASTORES

(ÉGLOGA TRASHUMANTE)

A mi padre,
que me ha criado, al igual que a su rebaño,
lo mejor que ha sabido

"Don Quijote les contó [...] que tenía pensado de hacerse aquel año pastor y entretenerse en la soledad de los campos, donde a rienda suelta podía dar vado a sus amorosos pensamientos, ejercitándose en el pastoral y virtuoso ejercicio; y les suplicaba, si no tenían mucho que hacer y no estaban impedidos en negocios más importantes, quisiesen ser sus compañeros, que él [...] les tenía puestos los nombres, que les vendrían como de molde. [...] Él se había de llamar el pastor Quijótiz; y el bachiller, el pastor Carrascón; y el cura, el pastor Curiambro; y Sancho Panza, el pastor Pancino. Pasmáronse todos de ver la nueva locura de don Quijote, pero porque no se les fuese otra vez del pueblo a sus caballerías, esperando que en aquel año podría ser curado, concedieron con su nueva intención y aprobaron por discreta su locura, ofreciéndosele por compañeros en su ejercicio".

Miguel de CERVANTES, *Don Quijote de la Mancha*

El dulce lamentar de dos pastores
(égloga trashumante)

Personajes
(por orden de aparición)

PASTOR MAYOR: *Sesenta años. Superviviente de una generación que abandonó el campo para hacinarse en la ciudad.*

PASTOR MENOR o pastor inútil: *Treinta años. Lector de Virgilio y Garcilaso cuyos conocimientos literarios sirven de poco para la trashumancia. Demasiado sensible para continuar la tradición familiar.*

NINFAS DEL TAJO o tájides: *Se camuflan como profesionales de la natación sincronizada y solo son visibles para algunos pastores elegidos.*

NOVENTA OVEJAS, *entre ellas, la coja, la que bebe con ansia, la preñada, la que mira raro, la recién nacida, el manso, la que está mohína, la negra rebelde, el semental de los cojones gordos, el cordero manchado que se comerán para Nochebuena, la de las ubres secas, el borrego que se va a dejar para vida, otra preñada, las hermanas hermosas, la machorra, la que se va a morir y un largo etcétera.*

DOS PERROS PASTORES que no hablan pero ladran a menudo.

UN BUITRE acompañado de un coro de inevitables urracas.

UNA PAREJA DE GUARDIACIVILES del Seprona.

UN PERRO-LOBO de color negro.

Guía de campo para no perderse en el camino

Amanecer

1. LA RESPIRACIÓN
2. NATURALEZA MUERTA
3. CALIENTAMANOS

La mañana

4. ÉXODO
5. UNA CANCIÓN
6. LA CERVEZA NO ES AGUA

Mediodía

7. EL RECUENTO
8. OTRA OVEJA NEGRA
9. SUEÑO O SOPOR O SIESTA

La tarde

10. DOS BOTELLAS
11. *ET IN ARCADIA EGO*
12. DEFENSA DE LA INUTILIDAD

Anochecer

13. EL PERRO ES UN LOBO PARA EL HOMBRE
14. LA FIESTA DEL CORDERO
15. LA TRADICIÓN FAMILIAR ACABA AQUÍ

Amanecer

1. LA RESPIRACIÓN

Cuando los hijos llegan a una determinada edad
y los padres envejecen, el padre debería ser como
un niño para el hijo.

William SHAKESPEARE, *El rey Lear*

*Penumbra, una porción de césped artificial y alrededor la nada
oscura.*

*El Pastor Mayor trata de dormir boca arriba sobre la superficie sinté-
tica, que imita la hierba fresca de un modo bastante satisfactorio.
A su lado, **el Pastor Menor observa el sueño sobresaltado del Pastor Mayor, que por momentos parece asfixiarse, como si le faltara
el aire. Apnea del sueño, lo llaman. O mala conciencia.** El Pastor
Menor le coloca una mano sobre el pecho. Respiran juntos.*

PASTOR MENOR.— No tengas miedo. Respira por la boca.
  Tienes sesenta años, pero podrías tener treinta, o quince, o siete
  y medio.
  Respira. Por la nariz no. Por la boca.
  Cenaste demasiado. Te tengo dicho
  que las migas con pimentón provocan pesadillas.
  Hay que llevar el aire más adentro.
  Sé que ya no es tan puro,
  pero trata de respirar y cuenta ovejas.
  Tú las sabes contar porque sí eres capaz de distinguirlas.
  No tengas miedo. Los lobos ya no existen.
  Los pastores los habéis exterminado.
  Respira por la boca. Con la boca
  abierta y con los ojos bien cerrados.

Aún falta un rato para que amanezca.
Imagínate que estamos frente al río, e imagina
que no hay sequía, que el río va crecido y que nuestro rebaño
no puede vadearlo, pero tienes una barca.
El pasado se hará presente.
Respira más profundo. Por la boca.
En la barca solo cabes tú remando y una oveja.
Mantén los ojos bien cerrados y respira.
Escoge una oveja y rema para llevarla a la otra orilla.
No tengas miedo. El presente
será el pasado pero ya no hay lobos.
Y ahora regresa.
En el trayecto no existen la violencia ni la prisa,
ni la juventud ni la vejez.
Solo el rencor quizá. Embarca
con otra oveja. Así. Rema y respira.
No hay nada que temer. Ya no hay sequía.
El futuro es presente en esta edad de oro.
No. No se permiten perros en la barca.
Que se jodan y atraviesen a nado.
Monta a otra oveja y continúa remando.
Rema, respira por la boca y sobre todo
mantén siempre los ojos bien cerrados.
Ahora tú solo.
Sigue cruzando el río y cuenta ovejas despacio.
Duerme tranquilo, porque cuando amanezca
tu pasado será un presente continuo que no cesa.

El Pastor Menor arrastra con suavidad la mandíbula del Pastor Mayor hacia sus clavículas. **El Pastor Mayor respira y, con la boca muy abierta y los ojos muy cerrados, cuenta muy lento,** *en un balbuceo inteligible.*

PASTOR MAYOR.— La coja..., la que bebe con ansia..., la preñada..., la que mira raro..., la recién nacida..., el manso..., la que está

mohína..., la negra rebelde..., el semental de los cojones gordos...,
el cordero manchado que nos comeremos para Nochebuena..., la
de las ubres secas..., el borrego que voy a dejar para vida..., otra
preñada..., las hermanas hermosas..., la machorra..., la que se va
a morir...

El Pastor Mayor respira profundo, bosteza y al fin se adormece.
Suave y delicado, el Pastor Menor retira ambas manos del cuerpo
del Pastor Mayor. **Silencio.** *Mientras el Pastor Mayor duerme, el*
Pastor Menor saca de su bolsillo o su zurrón una libreta y toma
notas.

2. NATURALEZA MUERTA

Cuando era pequeña quería hacerme grande, y ahora
que ya lo soy sé que todo tiempo pasado fue mejor.
Quiero parar. Quiero que mi futuro sea igual que mi
pasado. Que mi presente sea igual que mi pasado. Los
momentos que recuerdo, los que no recuerdo, los que
ni siquiera he vivido, seguro que fueron mucho mejo-
res que los actuales.

Pont FLOTANT, *Como piedras*

*La misma penumbra. El Pastor Mayor sigue durmiendo boca arri-
ba sobre la porción de césped artificial. El Pastor Menor contempla
el paisaje en el vacío que los rodea y escribe en su libreta. **A lo
lejos se escucha el rumor de un manantial o de un desagüe.** El
Pastor Menor lee sus notas en voz alta.*

PASTOR MENOR.— Cierra fuerte los ojos, y a esta hora,
    con la primera claridad del día
    podrás ver cómo el sol descubre el mundo
    desde las altas cumbres
    de la fragosa sierra. En lo profundo
    de la espesura de las selvas umbrosas
    rehúyen la luz las alimañas fieras
    y las ciervas ligeras
    bajan a la ribera presurosas
    para saciar su sed en la corriente
    que, pura y transparente,
    el fértil valle riega
    y que esmalta de coloridas flores.
    Manan néctar las fuentes, y en la vega

todo provoca amores:
el canto de las aves sonoroso,
la soledad amena,
el viento manso, fresco y oloroso,
la blanda y verde hierba, y en la arena
álamos, sauces, chopos, hayas, fresnos,
la arboleda del soto deleitoso,
los peces remontando el agua clara,
el zumbar de la abeja entre la jara.
Se aferran al verano
la cigarra en la rama,
los frutales copiosos, los dorados
e infinitos trigales.

Alguien salpica al Pastor Menor.

¿Quién me llama?
Yo, desde este altozano,
con los ojos cerrados
miro otra vez el río,
y descubro, buceando entre cristales,
que mi atención reclama
el coro de las náyades hermosas,
ninfas del Tajo o tájides famosas.

VOCES DE NINFAS DEL TAJO.— Despiértate, pastor, y baja al prado.
Deja ya la majada.
Bebe con tu ganado
en esta orilla, y toma la cañada
que de Cuenca te lleva a Extremadura.
Sigue el curso del río y su agua pura
hacia el mar lusitano.
Que no te engañe el sol, pues pronto el hielo
borrará todo rastro del verano
y vendrá la invernada.

Dile adiós a este cielo.
Despídete de la alta serranía,
dile adiós a esa aldea, que algún día
quizá corra el destino
de la aldea de tu abuelo,
que hoy duerme muda bajo el agua fría.

Mientras las tájides cantan a lo lejos, **empieza a clarear.** *La nada oscura se transforma en un banco de niebla que se deshace en jirones. El césped artificial se ha vuelto pasto seco. El viento frío del alba trae un olor a abono animal. Se escuchan algunos cencerros y campanillos: va despertándose el rebaño, que descansaba en un redil junto a los dos pastores.*
En el fondo del valle las Ninfas del Tajo desaparecen sumergiéndose en el río.
El Pastor Menor sigue mirando el paisaje mientras escribe y anota en su libreta.

PASTOR MENOR.— Con los ojos abiertos
   veo la tierra baldía
   y al final del camino
   una aldea vacía
   y un edificio en ruinas, que imagino /

PASTOR MAYOR.— Aquello son las ruinas de la escuela.

El Pastor Mayor señala a donde mira el Pastor Menor: un pequeño claro entre las nubes bajas por donde se divisan montes inaccesibles, bancales sin cultivar, pinares chamuscados y un pueblo inmóvil.

Los primeros en marcharse volvían en verano y nos hablaban del agua corriente, del teléfono, de las lavadoras, de la tele y el cine, de las vacaciones pagadas, de las minifaldas... La carretera nueva sirvió para que más familias se marcharan. Y el pueblo se empezó a quedar sin niños. Y la escuela cerró.

Silencio. Los pastores contemplan la aldea deshabitada.

Yo casi que me alegré. Tenía una maestra muy hijadeputa que me obligaba a comer macarrones con queso de la ayuda americana. Me decía: "Hasta que no te lo comas todo no te levantas de tu sitio. Y si no, se lo digo a tu padre, a ver si a correazos se te despierta el hambre. Vamos. Que quede el plato limpio. Y no hagas como que vomitas. Venga, traga. Traga. Traga ya". Y la muy hijadeputa me daba con la regla. "Vamos, traga". Y me tiraba de la mandíbula para que engullera aquello. "Vamos, abre la boca. Abre la boca y traga y no vomites". Y yo vomitaba siempre, claro.

Dos perros pastores ladran y se arriman al Pastor Mayor, que les acaricia la cabeza y les da alguna palmada en el lomo. El Pastor Menor se aparta para observar la escena y escribe en su libreta.

A mí también me gustaba estudiar. Lo que no me gustaba era ir a la escuela.

El Pastor Mayor vuelve a mirar hacia la aldea.

PASTOR MENOR.— "Busquemos otro llano,
busquemos otros montes y otros ríos,
otros valles floridos y sombríos".

PASTOR MAYOR.— Ponte la gorra, anda, que luego el sol nos calienta la cabeza y no decimos más que tonterías.

El Pastor Mayor se dirige hacia el ganado seguido por los perros. Abre el redil. Las ovejas se ponen en pie. Algunas balan. Salen todas en tropel y, diseminadas alrededor de los pastores, desayunan pasto seco.

3. CALIENTAMANOS

Y cuando [Ismael] era lo bastante mayor para ayudar en las tareas [de Ibrahim], este dijo: "¡Oh, mi querido hijo! ¡He visto en sueños que debía sacrificarte: considera, pues, cómo lo ves tú!".

Corán 37: 99-103

El día está llegando. El Pastor Menor observa al ganado pacer. El Pastor Mayor enrolla la malla portátil que ha servido de redil durante la noche.

PASTOR MAYOR.— ¿Y tú qué hacías despierto tan temprano?

PASTOR MENOR.— No podía dormir. Estaba helado. Aquí tan pronto te congelas como te asas de calor.

PASTOR MAYOR.— Ahora solo hay dos estaciones.

PASTOR MENOR.— Es el cambio climático.

PASTOR MAYOR.— O el fin del mundo.

PASTOR MENOR.— Yo no sé cómo aguantabais antes sin calefacción ni aire acondicionado.

PASTOR MAYOR.— Desde luego. Tú, con lo flojo que eres, te habrías muerto.

El Pastor Mayor se acerca al Pastor Menor frotándose las manos con energía.

¿Jugamos?

PASTOR MENOR.— ¿A qué?

> *El Pastor Mayor le da al Pastor Menor un cachete rápido e ines-perado y se ríe. El Pastor Menor se acaricia la mejilla y no se ríe.*

PASTOR MAYOR.— ¿No dices que tienes frío? Pues empieza.

> *Junta las palmas de las manos apuntando con los dedos hacia el Pastor Menor, que finalmente se decide a jugar.*
> **Silencio. Los pastores se desafían mirándose fijamente.** *El Pastor Menor lanza con rapidez un manotazo que el Pastor Mayor esquiva sin esfuerzo. El Pastor Mayor consigue golpearle en el dorso de las manos. Y así una vez, otra vez, otra vez, otra vez, otra vez, otra vez... Cada guantazo es más sonoro que el anterior. El Pastor Mayor celebra sus victorias. El Pastor Menor agita las manos para aliviar el escozor. Se suceden los turnos: los del Pastor Menor son breves porque siempre falla el primer golpe y los del Pastor Mayor duran hasta que, de tanto en tanto, se deja ganar.*
> *Esta serie rítmica de silencios, palmetazos y quejidos podría alargarse toda la mañana. Sin embargo,* **el Pastor Menor acaba con el juego soltándole un bofetón en plena cara al Pastor Mayor. Una señora hostia.**
> **El Pastor Mayor se lleva las dos manos a la mejilla.**

Eres rencoroso y vengativo, ¿eh? Te las guardas y después de un tiempo las sueltas todas de golpe.

PASTOR MENOR.— ¿Qué dices?

PASTOR MAYOR.— Te has pasado tres pueblos.

> *El Pastor Mayor espanta a varias ovejas y se sienta en el suelo.*

Prepárame el desayuno, anda. Por rencoroso y vengativo.

PASTOR MENOR.— Luego te quejarás de que te duele la barriga.

El Pastor Menor intenta agarrar por la correa del cencerro a una de las ovejas, que se le escapa.

PASTOR MAYOR.— Esa no, inútil. ¿No ves que tiene las ubres secas?

El Pastor Mayor se estira y coge de la pata trasera a otra oveja que amamantaba a dos corderos. La arrastra hacia sí y le palpa los senos.

Mira. Una ubre sana es blanda y flexible, templada al tacto, pero no caliente. Y simétrica, con dos buenas tetillas bien separadas a cada lado, sin grietas ni durezas.

Saca de su mochila o su zurrón dos tazas de acero inoxidable y las pone debajo de la oveja.

Hazlo tú.

PASTOR MENOR.— Hace mucho que no toco una teta. Ya se me ha olvidado cómo se hace.

Se aleja unos metros más allá, hasta llegar a unos zarzales. El Pastor Mayor ordeña a la oveja y va vertiendo la leche dentro de las tazas.

PASTOR MAYOR.— ¿Quieres leche?

PASTOR MENOR.— La lactosa me sienta mal. Ya solo tomo bebidas vegetales.

PASTOR MAYOR.— Pues en nuestra cafetería no trabajamos ese género.

El Pastor Mayor llama a los perros y les da a beber de la taza del Pastor Menor mientras él se toma la otra. El Pastor Menor ha descubierto los frutos del zarzal y escoge con cuidado algunas moras silvestres. Las saborea, observa al Pastor Mayor y escribe en la libreta. Cuando regresa, el Pastor Mayor y los perros se relamen la marca de leche que se les ha quedado en el hocico.

¿Qué haces con el cuaderno todo el rato?

PASTOR MENOR.— Estoy escribiendo una égloga.

PASTOR MAYOR.— ¿Una qué?

PASTOR MENOR.— Una obra de teatro en la que tú y yo haremos de pastores.

PASTOR MAYOR.— ¿Tú, pastor? ¿Con lo inútil que eres?

PASTOR MENOR.— Es que no hace falta ser pastor de verdad. En las églogas de la Antigüedad y del Renacimiento los poetas cortesanos se disfrazaban de pastores para refugiarse en un mundo sencillo, inocente, lejos del ruido y las preocupaciones de las grandes ciudades.

PASTOR MAYOR.— ¿Como los neorrurales?

PASTOR MENOR.— Más o menos. La idea es que tú y yo seamos dos pastores que vivimos en la edad de oro, en una eterna primavera, en una tierra que nos proporciona todo lo que necesitamos para comer sin necesidad de cultivarla.

PASTOR MAYOR.— Ya, y los corderos se convierten en costillas asadas o en caldereta por arte de magia. Pues dime dónde es eso, que emigramos ya mismo.

PASTOR MENOR.— En la Arcadia.

PASTOR MAYOR.— ¿Provincia de...?

PASTOR MENOR.— Grecia.

PASTOR MAYOR.— Chorras, pero si los griegos están más jodidos que nosotros.

PASTOR MENOR.— La Arcadia de las églogas es una región idealizada, papá, una metáfora del paraíso perdido donde los hombres viven en paz entre ellos y en armonía con la naturaleza /

PASTOR MAYOR.— En un sitio donde no hay guerras, ni catástrofes, ni calamidades no pasa nada interesante. Si quieres que el público se enganche, mejor que cuentes en tu obra la hostia que le acabas de dar a tu padre.

PASTOR MENOR.— ¿Cuento también las que me dabas de pequeño?

PASTOR MAYOR.— Eso no lo pongas. Ni se te ocurra. *(Arrebatándole la libreta al Pastor Menor)* Vaya letra, copón... ¿Qué has escrito aquí?

PASTOR MENOR.— ¿Aquí dónde?

PASTOR MAYOR.— Donde dice "Pastor Mayor". Ese soy yo, ¿no?

PASTOR MENOR.— *(Lee)* "Esta noche he soñado que mi hijo por fin aprendía a degollar corderos y que, después de cargarse a todo el rebaño, me sacrificaba también a mí".

PASTOR MAYOR.— No tienes huevos de hacerlo ni aunque fuera de mentira en un teatro. Si quieres escribir algo de verdad, pon que anoche dormí mal porque me dieron ardores. Y tuve una pesadilla, pero no me acuerdo bien de qué soñé. Era algo de la infancia.

PASTOR MENOR.— ¿De la tuya o de la mía?

PASTOR MAYOR.— No me acuerdo.

PASTOR MENOR.— Dicen que la infancia es el paraíso perdido.

PASTOR MAYOR.— La mía no fue ningún paraíso.

PASTOR MENOR.— Ni la mía.

PASTOR MAYOR.— Anda, tira. Y ni se te ocurra sacarme en un teatro.

> *La niebla empieza a levantarse.* El Pastor Mayor también se levanta, carga a sus espaldas el zurrón o la mochila y silba. **Los perros ladran. El ganado se pone en marcha.** El Pastor Menor se queda rezagado para escribir en su libreta.

La mañana

4. ÉXODO

Yo vengo de una raza de pastores que perdió su libertad cuando perdió sus ganados y sus pastos. [...]
Los graneros de su pobreza eran inmensos. La lentitud estaba en la raíz del corazón.
Y en su sosiego acumularon monedas verdes de esperanza para nosotros.

Julio LLAMAZARES, *La lentitud de los bueyes*

*Los perros cercan al rebaño. Las ovejas se apelotonan y **balan en polifonía desafinada.** Pronto forman un cortejo que se cuela por un desfiladero hacia el fondo del valle. **Montañas abajo, el chocar de los cencerros se amplifica en eco.** Con las mochilas o los zurrones a cuestas, los dos pastores cierran la procesión. **Dejan atrás la aldea vacía.***

PASTOR MENOR.— ¿Seguro que no quieres que pasemos por tu pueblo?

PASTOR MAYOR.— ¿Para qué? Allí no queda nadie.

El Pastor Menor, libreta en mano, mira hacia su espalda: la montaña ha engullido a la aldea deshabitada. El Pastor Mayor mira hacia delante, silba y tira una piedra a una oveja rezagada, que corre cojeando para reunirse con las demás. Hombres y animales caminan ligeros pendiente abajo.

PASTOR MENOR.— Los animales están como nerviosos.

PASTOR MAYOR.— Estas barruntan el cambio de altitud.

PASTOR MENOR.— A mí viajar también me da ansiedad.

PASTOR MAYOR.— Pero las ovejas van y vuelven.

PASTOR MENOR.— ¿Y cómo es que recuerdan el camino?

PASTOR MAYOR.— Chorras, porque se fijan en las cosas. No necesitan escribirlas. Ahora en otoño saben que tienen que ir hacia la tierra caliente porque, si no, en invierno se morirán de frío en la sierra. Y luego en junio, en cuanto se les vaya agotando la comida, dejarán las dehesas.

PASTOR MENOR.— Para vivir en una eterna primavera. Como los griegos.

PASTOR MAYOR.— Es el instinto de supervivencia. No hace falta estudiar para saberlo.

PASTOR MENOR.— ¿Y a ti no te hubiera gustado estudiar?

PASTOR MAYOR.— Da igual lo que me hubiera gustado. A mí me dijeron: "Es lo que hay". Y estoy así desde los quince años. Para que te quejes.

PASTOR MENOR.— Eso es explotación infantil.

PASTOR MAYOR.— Si me iba con el ganado, no tenía que ver a la maestra hijadeputa que me obligaba a comer macarrones con queso de la ayuda americana. Y ahora me parece mejor esto que aguantar a un jefe imbécil, como tú en el teatro.

PASTOR MENOR.— *(Mirando a su alrededor)* Papá, por fav /

PASTOR MAYOR.— Y además, que me gusta, qué coño.

PASTOR MENOR.— ¿Y qué es lo que más te gusta de ser pastor?

PASTOR MAYOR.— Tanta pregunta se paga.

PASTOR MENOR.— Dime.

PASTOR MAYOR.— Pues eso, chorras: no obedecer órdenes de nadie. Y vivir al aire libre.

PASTOR MENOR.— ¿Y te da igual que no haya cobertura, o el frío, o la lluvia /

PASTOR MAYOR.— Ojalá lloviera. Esta tierra lo está pidiendo a gritos /

PASTOR MENOR.— ¿Y el calor, el olor a animal, o las pulgas y las garrapatas?

PASTOR MAYOR.— Yo, con tal de no estar encerrado... Cuando sea viejo del todo, ni se te ocurra llevarme a la ciudad contigo, y mucho menos meterme en una residencia.

PASTOR MENOR.— Te buscaré una en el pueblo, con vistas al olivar.

PASTOR MAYOR.— Mira que te desheredo.

PASTOR MENOR.— Para lo que voy a hered /

PASTOR MAYOR.— A nosotros nos pertenece esta tierra por derecho de usufructo, copón. Esto se lo he visto hacer a mi padre, y al padre de mi padre, y al padre del padre de mi padre.

   Pausa.

PASTOR MENOR.— Papá, ¿a ti tu padre te pegaba?

   Pausa.

PASTOR MAYOR.— Menos hablar y más vigilar, que no se nos escapen.

PASTOR MENOR.— Yo no quiero seguir la tradición familiar.

PASTOR MAYOR.— ¿Te ha dado por venir solo porque quieres escribir una obra sobre mí?

PASTOR MENOR.— Sobre ti no, papá. Será una égloga al estilo de los clásicos, como las *Bucólicas* de Virgilio, o como los diálogos de pastores de Garcila /

PASTOR MAYOR.— ¿Pero yo salgo o no salgo?

PASTOR MENOR.— Sí, pero cambio tantas cosas que a lo mejor ni te reconoces.

PASTOR MAYOR.— Mira, cambia lo que te dé la gana, pero sácame bien. Y escribe en tu teatro que cuando yo era pequeño teníamos rebaños de mil quinientas ovejas, entre nuestras y arrendadas, y que ahora no llegan a cien, y todo por culpa de la Unión Europea. Y pon que, al paso que vamos, a la ganadería en España solo se van a dedicar los mor /

PASTOR MENOR.— Eso no lo puedo escribir, papá. Es políticamente incorrecto.

PASTOR MAYOR.— Es la pura verdad, copón. Y menos mal que para la fiesta del cordero necesitan un borrego, que si la trashumancia se hiciese con guarros, ya ni los mor /

PASTOR MENOR.— ¿Tú sabes qué celebran?

PASTOR MAYOR.— ¿Quién, los mor /

PASTOR MENOR.— Los musulmanes, sí. En la fiesta del cordero.

PASTOR MAYOR.— Es como su Nochebuena, ¿no? Por eso matan un cordero.

PASTOR MENOR.— Lo llaman la celebración del sacrificio. Se supone que Dios, como prueba de obediencia, le ordenó a Abraham que le sacrificara a su único hijo, Isaac. Y Abraham le dijo a su hijo que subiera con él al monte para hacer un sacrificio, pero al chaval le extrañó, porque no llevaban ningún cordero. Y aun así Isaac le acompañó hasta el monte.

PASTOR MAYOR.— ¿Ves? Ese hijo no hacía tantas preguntas como tú.

PASTOR MENOR.— Eran otros tiempos.

PASTOR MAYOR.— ¿Y qué pasó en el monte? ¿Que el padre mató al hijo? ¿O el hijo se le rebeló?

PASTOR MENOR.— No podía: Isaac estaba atado. Pero justo cuando Abraham estaba a punto de degollarlo, se le apareció un ángel mensajero y le dijo que soltara el cuchillo. Y entonces, milagrosamente, por entre unos arbustos asomó un carnero. Y el padre acabó sacrificando a ese borrego en vez de al hijo.

PASTOR MAYOR.— Pues tienes suerte de que vayamos de bajada.

PASTOR MENOR.— Y tú de tener tantos corderos. Así no tendremos que degollarnos el uno al otro.

PASTOR MAYOR.— Tú no eres capaz de matar una mosca, inútil.

Tras atravesar las parameras han llegado a una zona de monte con vegetación más espesa. El suelo está encharcado. Las ovejas mordisquean todo lo que pillan. Algunas beben. Los perros también. Se les suman varias bandadas de mosquitos.

Mi padre decía que cuando se alcanza la falda de este cerro, ya está. Que el animal que va flojo no pasa de este manantial, pero los demás aguantan hasta el final. A partir de aquí el terreno es más suave. Solo que ahora empezará el calor.

El Pastor Menor se quita una capa de ropa. **El Pastor Mayor se abre paso entre el ganado.** *Se agacha en un charco donde el agua brota de la tierra y bebe a sorbos con una mano. Cuenta las ovejas.*

PASTOR MENOR.— ¿Están todas?

PASTOR MAYOR.— Falta una.

PASTOR MENOR.— ¿Cómo?

PASTOR MAYOR.— Que se nos ha descarriado una oveja por tu culpa, chorras. Por despistarme con tanta pregunta inútil. *(Pausa)* Falta la negra. ¡Callarse todas, copón!

Silencio súbito del rebaño. *Suena un campanillo suelto.*

Silencio he dicho.

Silencio total. Más allá de la vereda se oye el eco de un cencerro perdido. *El Pastor Mayor aguza el oído e identifica la procedencia del sonido.*

Voy a buscarla. No debe de andar lejos. Y tú tira con estas para abajo.

PASTOR MENOR.— ¿Por dónde?

PASTOR MAYOR.— Sigue al manso, hostias. Y bebe ahora, so inútil, que después no hay fuentes hasta mucho más lejos.

PASTOR MENOR.— No tengo sed.

PASTOR MAYOR.— Tú verás.

El Pastor Mayor se adentra en el monte y se pierde entre los matojos.
Los perros ladran y el rebaño vuelve a ponerse en marcha. Un cordero blanco con manchas negras chupa los cordones de las zapatillas del Pastor Menor, que lo coge en brazos. Con él a cuestas continúa andando a la zaga de las demás ovejas.

5. Una canción

La naturaleza no es cariñosa, ni lo contrario, simplemente es.

Ramón DEL CASTILLO, *El jardín de los delirios*

El Pastor Menor se abre paso entre la espesura con el cordero manchado a hombros. Delante de ellos, las ovejas avanzan cuesta abajo sin ver bien por dónde pisan.

Poco a poco la maleza se va volviendo más seca y la altura de los matorrales baja hasta dejar al descubierto el valle del Tajo, árido a pesar del río.

Si el Pastor Menor aún no estaba del todo espabilado, si no se había lavado la cara al levantarse, le despierta ahora un golpe de aire caliente y la visión de un paisaje más llano y nada ameno.

Se quita otra capa de ropa. Vuelve a coger en brazos al borreguillo, le cubre el rostro y lo acuna mientras canta.

PASTOR MENOR.— Si cierras bien los ojos
no verás la autopista que parte en dos el monte.
No estará el vertedero,
ni el pueblo sepultado debajo del embalse,
ni el polígono vacío
a la espera de inversores que no llegan.
No habrá un campo desierto,
ni un mar fotovoltaico,
ni tampoco un crematorio de animales,
ni más allá una central nuclear con dos reactores.
Con los ojos cerrados
ya no te llegará este olor a estiércol
de macrogranja de cerdos o de pollos,

y no conocerás sequías,
cánceres, incendios o manitas con seis dedos.
No habrá supermercados que nos venden las verduras
que nosotros dejamos de cultivar y que otros riegan
con el agua que se llevan de este río.
No verás peces muertos que flotan sobre el cieno,
ni metales pesados, pesticidas o basura.
No habrá rastro de la urbanización de lujo cutre
construida en un islote en medio del pantano,
ni pájaros mutilados por aspas de aerogeneradores,
ni dehesas chamuscadas, y los nuevos ricos
no jugarán al golf.

El rebaño se ha detenido a escuchar al Pastor Menor. Las ovejas le rodean civilizadas, como si estuviesen en un concierto.
De repente se abre paso entre el ganado el Pastor Mayor, que regresa arrastrando del collar de cuero a la oveja descarriada. El animal sangra por una herida abierta entre la lana negra de su frente.

PASTOR MAYOR.— *(A la oveja)* Tira con las demás, copón. *(Al Pastor Menor)* ¿Ves como era esta? Y yo que quería tener un rebaño de ovejas negras... *(A la oveja)* En buena hora. En tu familia sois peores que las cabras. *(Al Pastor Menor)* Comiendo moras estaba. ¿Qué te parece?

Siempre con el cordero manchado en brazos, el Pastor Menor abre una botella de plástico de coca-cola llena de un líquido transparente y se acerca a la oveja negra para curarle la herida. El Pastor Mayor le empuja.

Con formol no, copón, que te la cargas. Eso es para quitarle los gusanos de las pezuñas. Dale el espray antibiótico. Así.

El Pastor Mayor saca el bote de medicamento de su mochila y rocía con él la herida de la oveja descarriada. El animal opone resisten-

cia y sacude la cabeza en todos los sentidos. **El Pastor Mayor la inmoviliza aprisionándole el hocico. La oveja negra resopla.** *El Pastor Menor canta de nuevo.*

PASTOR MENOR.— "Canción, si ya no quieres
ver tanta crueldad,
canta donde se escuche tu verdad".

> **El Pastor Mayor se detiene a escuchar al Pastor Menor.** *La oveja negra aprovecha para escabullirse y confundirse entre las demás, que descienden en tropel hacia el secarral de la llanura. A su paso levantan una nube de polvo parduzco en la que los perros se introducen ladrando.*

PASTOR MAYOR.— Tú, déjate de música, que me espantas a los bichos. Y suelta a ese borrego. Tiene que acostumbrarse a andar solo.

> *El Pastor Menor deposita en el suelo al cordero manchado. La cría corretea hacia la nube de polvo. El Pastor Menor la sigue con la mirada.*

No te lo vas a creer, pero desde el otero he visto un montón de tías buenas bañándose en el río.

> *Silencio del Pastor Menor.*

Esto que quede entre nosotros. No se lo digas a tu madre.

> *Silencio del Pastor Menor.*

¿Qué querías que hiciera, copón? ¿Que no mirara? Estaban ahí, a la vista de cualquiera. Y además no estaban desnudas. Que conste que llevaban bañadores. De colores fluorescentes. No tenían pinta de ser de aquí. Parecían como rusas. O del Este /

PASTOR MENOR.— Papá, por favor.

PASTOR MAYOR.— Serranas no eran, seguro /

PASTOR MENOR.— Papá, no hay que llenarlo todo con palabras.

PASTOR MAYOR.— Si yo lo decía por ti, chorras. Para que tuvieras más ideas que escribir para tu égloga. Porque lo que nos pasa a los pastores no le interesa a nadie.

> *Silencio largo. Los pastores caminan sin hablar detrás de la nube de polvo mientras cambia el decorado. El paisaje, perdón.*

6. La cerveza no es agua

> Que manda el Rey que los ganados [...] anden salvos e seguros por todas las partes de sus Reynos, e pazcan las yervas, e bevan las aguas; e non faziendo daño en miesses nin en viñas nin en otros lugares acotados, e dando sus derechos do los devieren dar, que ninguno non sea osado de gelos embargar nin gelos contrallar.
>
> ALFONSO X, *Siete partidas*

Media mañana. El calor aprieta.
El Pastor Mayor y el Pastor Menor llevan varias horas sin hablar.
El rebaño atraviesa la meseta acompañado de su nube de polvo parduzco y de un ejército mercenario de moscas y parásitos. Pasan junto a campos de girasoles cabizbajos, olivos que se retuercen sobre una tierra gris, surcos recién sembrados de trigo o de cebada, vides raquíticas. Aprovechando un despiste de los perros, alguna oveja no puede evitar la tentación de mordisquear sarmientos o brotes de las cosechas que invaden la cañada.
Han andado sobre pistas de grava, han cruzado carreteras secundarias cortando el tráfico y han entrado en túneles para salvar vías de tren de alta velocidad o autopistas, pero ahora se encuentran parados delante de una alambrada que impide el paso. Alguien le ha puesto puertas al campo.
El Pastor Mayor *avanza entre los animales que se agolpan frente a la barrera infranqueable y* **con unos alicates abre un agujero en la cerca metálica. Por el hueco se van colando todas las ovejas,** *que se alejan finca adentro en su nube de polvo e insectos. Antes de cruzar con ellas al otro lado, el Pastor Menor sale del paisaje y habla al público.*

PASTOR MENOR.— ¿Alguien tiene agua? Siempre me pasa. Cuando viajo, me angustio y me olvido de traer lo imprescindible. Mi padre me dice que menos mal que la cabeza no se puede separar del cuerpo, porque si no también me la dejaba en algún sitio. Pero no es verdad. Tengo buena memoria. Memoria selectiva. Para lo que quiero, vaya. Recuerdo menos las cosas, los hechos concretos, que las emociones que me producen las cosas. Pero parece ser que la memoria funciona así. Nos pasa a todos. O a algunos más que a otros, quizá. Y la supervivencia no parece estar entre mis prioridades. Por eso escribo. Por eso lo apunto todo en la libreta. Para no olvidar las cosas importantes.

Bebe el agua que le ofrece un espectador y regresa al paisaje, donde lo espera el Pastor Mayor.

PASTOR MAYOR.— *(Riéndose)* Cuéntales lo que te pasó cuando hicimos la trashumancia.

El Pastor Menor duda un instante. Vuelve a salir del paisaje.

PASTOR MENOR.— A mí me gusta documentarme, y cuando hace un par de años decidí que quería escribir una égloga, además de releer a los clásicos, las *Bucólicas* de Virgilio, los *Idilios* de Teócrito, y a Sannazaro y a Garcilaso /

PASTOR MAYOR.— Hablas de los clásicos porque no te atreves a hablar directamente de /

PASTOR MENOR.— Cuando decidí que quería escribir una égloga, le pedí a mi padre que me dejara acompañarle a hacer la trashumancia y /

PASTOR MAYOR.— Y no aguantaste ni dos días, so inútil.

PASTOR MENOR.— Es que no fue en octubre. Fue a principios de julio. Y si ahora hace calor, entonces hacía más /

PASTOR MAYOR.— ¡Te crees tú que en Grecia no hace calor!

PASTOR MENOR.— Y además el camino era cuesta arriba, porque subíamos del sur hacia la serranía. Y también había mucho más ganado porque se había juntado con el de un primo de Cuenca al que mi padre conoció en la mili /

PASTOR MAYOR.— Mi primo Grati.

PASTOR MENOR.— Sí, pero tu primo Grati y tú ibais montados en el coche; el hijo de tu primo iba a caballo, y allí el único imbécil que iba andando era y /

PASTOR MAYOR.— ¡Nos tendríamos que haber traído la yegua! *(Al público)* A la gente le gusta mucho ver caballos en escena, ¿verdad? Mejor que ovejas. Dónde va a parar. Un caballo es mucho más espectacul /

PASTOR MENOR.— El caso es que en mi familia no bebemos alcohol /

PASTOR MAYOR.— Tu madre sí /

PASTOR MENOR.— ¡Papá, por favor! *(Al público)* Mi padre no bebe alcohol desde que confundió una botella de agua con otra de formol para curar a las ovejas y se abrasó el estómago /

PASTOR MAYOR.— *(Al público)* El formol y el agua estaban en dos botellas de coca-cola exactamente iguales.

PASTOR MENOR.— Eso lo contaré más tarde.

PASTOR MAYOR.— *(Al público)* Ojo al dato, porque lo del formol es verídico. Lo de antes n /

PASTOR MENOR.— Pero esto no es teatro documental. Esto es una égloga y yo quiero representar la realidad idealizada.

PASTOR MAYOR.— O sea, ¿que a ti tampoco te interesa lo que nos pasa a los pastores?

PASTOR MENOR.— *(Al público)* El caso es que a mí el alcohol no me gusta, y la cerveza me da arcad /

PASTOR MAYOR.— Tú tienes otros vici /

PASTOR MENOR.— *(Al público)* Resulta que la segunda tarde nos quedamos sin agua, y el hijo del primo de mi padre solo llevaba cerveza en las alforjas del caballo. Un montón de latas de cerveza bien frías dentro de una nevera de campin. Pero yo por ahí no pasaba. Yo la trashumancia la hacía para tomar apuntes para mi égloga, como actividad cultural, por curiosidad antropológica y sobre todo para entender de dónde vengo y por qué mi padre y yo no conseguimos entendernos, pero no para beber cerveza ni para sufrir calamidades /

PASTOR MAYOR.— ¿Ves como eres un flojo?

PASTOR MENOR.— *(Al público)* Y después de seis horas andando sin beber ni gota, yo ya estaba a punto de deshidratarme, imaginando que me moría de una insolación y que las aves carroñeras bajaban a devorar mi cadáver. Así que me separé del rebaño y eché a andar con la idea de alejarme del monte y reencontrarme con la civilización, o sea con una carretera.

PASTOR MAYOR.— Pero cuántas vueltas das para contar las cosas, copón.

PASTOR MENOR.— *(Al público)* Y pasó mucho rato hasta que pillé un mínimo de cobertura, y entonces llamé a mi padre y le pedí que viniera a recogerme en coche y que, por caridad, me trajera una botella de agua.

PASTOR MAYOR.— *(Al público)* Y fui.

PASTOR MENOR.— Pero sin la botella de agua.

PASTOR MAYOR.— Toma, inútil.

> *El Pastor Mayor le tiende una botella de coca-cola al Pastor Menor, que antes de beber se lo piensa.*

PASTOR MENOR.— ¿Pero esto es agua o formol?

PASTOR MAYOR.— ¿Tú qué crees?

PASTOR MENOR.— Creo que cualquier parecido de la vida real de los pastores con la Arcadia es pura coincidencia.

PASTOR MAYOR.— Te lo dije. El paraíso perdido no existe. Y si existe no está aquí. Ni en Grecia.

> *A lo lejos, ladran las siluetas diminutas de los perros.*

(*Al público*) Y ahora, si nos disculpan, vamos a seguir porque la velocidad de las ovejas es inversamente proporcional al pasto que encuentran por el camino.

> *El Pastor Mayor atraviesa la alambrada y sigue al rebaño al trote. El Pastor Menor regresa al paisaje de un salto y va tras el Pastor Mayor. Sus figuras se pierden hacia el fondo de la estepa.*

Mediodía

7. EL RECUENTO

> Algún día la tierra no soportará los excesos de los
> hombres, y los animales volverán a gobernar, y el arte
> desaparecerá junto a la pobreza y a la riqueza, puesto
> que los animales son bellos y buenos por sí mismos.
>
> Angélica LIDDELL, *Y los peces salieron*
> *a combatir contra los hombres*

*Vado en el curso medio del Tajo. El sol estalla en el agua. En una ori-
lla, una montaña de tierra y las marcas de las ruedas de una exca-
vadora. En la otra, un oasis en forma de alameda.*
*Desde el fondo oscuro del río emerge silencioso un grupo de mucha-
chas uniformadas con gafas de bucear y bañadores estampados
de colores fluorescentes. Llevan el pelo recogido en un moño, con
un coletero a juego con las fluorescencias del bañador. Nadan son-
rientes, dibujando con sus cuerpos al unísono figuras imposibles
sobre la superficie del agua.* **Mientras bailan concentradas en su
disciplina, a su alrededor se va extendiendo una planta acuática
de flores amarillas y violetas que amenaza con engullirlas y en
pocos instantes absorbe gran parte del agua del río. El nivel del
caudal baja pero las jóvenes continúan bailando, sin perder la son-
risa ni la sincronicidad, hasta terminar revolcándose en el fango.**
*A lo lejos se escuchan cencerros y se adivina una nube de polvo
parduzco. Los ladridos se oyen cada vez más cerca. Irrumpen los
perros chapoteando y las chicas en bañador desaparecen bajo
los nenúfares y los jacintos, tan sigilosas como llegaron. Detrás
de los perros vienen las ovejas, que se apelotonan para beber en
medio del vado.* **El agua apenas les llega a las rodillas.** *Algunas
mordisquean las plantas acuáticas y sus flores. No queda rastro
de las nadadoras.*

El Pastor Menor, después de quitarse las zapatillas y remangarse los pantalones, se mete en lo que queda del río y se abre paso entre el ganado.

PASTOR MAYOR.— *(Gritando de lejos)* Mira a ver si están todas.

Llegan más ovejas. El Pastor Menor las trata de apartar para contarlas.

PASTOR MENOR.— Veintiuna, veintidós, veintitrés, veinticuatro... ¡Eh, tú, sin empujar! Veintitrés, veinticuatro, veinticinco, veintiséis...

Con las últimas ovejas entra el Pastor Mayor. Lleva al borrego manchado a hombros y a otro blanco bajo el brazo.

PASTOR MAYOR.— El cabrón del dueño de la finca se creía que por dragar el río dejaríamos de cruzar.

PASTOR MENOR.— *(A una oveja)* ¿Pero tú no estabas con aquellas hace un rato? Cuarenta y tres, cuarenta y cuatro, cuarenta y cinco... No os mováis tanto, joder. Cuarenta y nueve, cincuenta, cincuenta y dos...

PASTOR MAYOR.— La última vez se me ahogaron tres ovejas por su culpa. Pero ahora, con la sequía, hasta los corderos pueden vadear el Tajo.

PASTOR MENOR.— Setenta y una, setenta y dos, setenta y tres... *(A otra oveja)* Quita de aquí.

PASTOR MAYOR.— Estas le van a dejar el sembrado bonito, por listo y por meterse sobre la cañada.

PASTOR MENOR.— ¿Por dónde iba? Noventa y ocho, noventa y nueve...

PASTOR MAYOR.— Será mamón y gilipollas, el muy hijodelagran-
puta.

El Pastor Mayor se para a observar al Pastor Menor.

Tú, ¿cuántas van?

PASTOR MENOR.— Ciento siete.

PASTOR MAYOR.— ¿Cómo que ciento siete, so inútil? Si traíamos
noventa, copón.

PASTOR MENOR.— ¡Yo qué sé, papá!

PASTOR MAYOR.— ¿Y para eso has estudiado?

PASTOR MENOR.— Soy de letras. Y además, que todas son iguales.

PASTOR MAYOR.— No, chorras, no. Mira por ejemplo esa seca, es
muy distinta. ¿No ves que bebe con ansia?

PASTOR MENOR.— Beberá como todas.

PASTOR MAYOR.— Que no, copón. Esa tiene una sed que no se acaba nunca. *(A la oveja)* Que te vas a ahogar, desgraciada. ¡Pero
come algo! *(Al Pastor Menor)* En cambio esas dos nada que ver, no
pierden bocado. Y son hermanas. Qué hermosas están. Y aquella
más clara está como mohína desde hace días. No sé qué le pasa.
Esta mira raro, como si le hubiera picado algo. Aquella es una
machorra, nunca se preña. Y esa otra ya no sirve. Está muy vieja.
Se va a morir.

PASTOR MENOR.— Todos nos vamos a morir.

PASTOR MAYOR.— Pero esa se va a morir antes.

PASTOR MENOR.— ¿Cómo lo sabes?

PASTOR MAYOR.— Hazle caso a tu padre.

Silencio. El Pastor Menor saca la libreta y toma apuntes.

PASTOR MENOR.— ¿Y cómo diferencias un macho de una hembra?

PASTOR MAYOR.— Qué tonterías preguntas, hostias.

PASTOR MENOR.— A mí no me parece ninguna tontería.

PASTOR MAYOR.— Copón, pues porque las hembras tienen vagina y los machos, huevos.

PASTOR MENOR.— Desde lejos yo no les veo los huevos.

PASTOR MAYOR.— Pues te acercas.

PASTOR MENOR.— Pero se los confundo con las tetas.

PASTOR MAYOR.— Mira, aquel es un semental. Y de los buenos.

PASTOR MENOR.— ¿Y tú le ves los huevos desde aquí?

PASTOR MAYOR.— No, pero los cuernos sí. ¿No ves el manso? Ese tiene cuernos, pero huevos no. No sirve de semental pero cumple otra función en el rebaño. Cada uno sirve para lo que sirve. Escribe, escribe.

Pausa. El Pastor Menor toma nota de todo.

Y por los cuernos y por los dientes diferencias también a las jóvenes de las viejas. Y por el tono de la lana. Igual que a las personas. Y luego las hay de distintas razas. Aunque en este rebaño son todas entrefinas.

El Pastor Menor hace como que entiende. El Pastor Mayor entiende que el Pastor Menor no ha entendido.

Mezcladas, copón.

PASTOR MENOR.— Ah. ¿Y por qué ya no tienes cabras?

PASTOR MAYOR.— Son muy dañinas.

PASTOR MENOR.— ¿Quieres decir rebeldes?

PASTOR MAYOR.— Quiero decir dañinas. Por eso las vendí todas. Igual que acabaré vendiendo las ovejas.

*Ambos miran a su alrededor en silencio. Las ovejas no balan. El Pastor Mayor suelta a los dos borregos que cargaba y vuelve a contar el rebaño. **El Pastor Menor** guarda su libreta, deja sus zapatillas en la orilla de la alameda y **se entretiene recogiendo jacintos y nenúfares. Al arrancar de raíz una de las plantas acuáticas, descubre a una chica en bañador fluorescente, que corre a sumergirse entre el cieno.** El Pastor Mayor sigue contando.*

... ochenta y siete, ochenta y ocho, ochenta y nueve y noventa. Están todas.

PASTOR MENOR.— Qué bonita es esta planta, ¿verdad?

PASTOR MAYOR.— Se llama camalote y es una plaga. Las semillas las trajeron en las botas y en las ruedas de los camiones unos obreros brasileños que vinieron a construir el embalse ese gigante, el que está en Portugal, en la frontera. Y desde entonces no hay quien pare esta mierda. Crece por todas partes y se bebe el río.

*El Pastor Menor deja caer las flores al agua embarrada. **Se sacude las manos y se las frota contra el pantalón.** Los dos borregos que* *cargaba el Pastor Mayor se acercan a las flores arrancadas y las mordisquean.*

Este corderillo lo voy a dejar para vida, y ese otro nos lo vamos a comer en Nochebuena. ¿Qué te parece?

El Pastor Menor mira en silencio cómo el segundo cordero, el manchado, devora indistintamente jacintos y nenúfares. El Pastor Mayor cruza a la otra orilla, se descalza y pone sus botas y sus calcetines a secar al sol.

8. OTRA OVEJA NEGRA

¡Ay! ¿Qué es lo que he deseado, oh, pobre de mí?
VIRGILIO, *Bucólicas*

*El Pastor Mayor se instala a la sombra de los chopos. **Se sienta junto a una fuente de donde mana un hilo de agua** que vierte en un abrevadero. El Pastor Menor se lava allí las manos y los pies.*
*El Pastor Mayor **saca de su mochila una navaja, y pan y lomo embuchado. Mientras prepara dos bocadillos, la oveja negra se le acerca. La sangre de la herida de su frente ya está seca.***

PASTOR MAYOR.— *(A la oveja)* Te perdono porque no sabes lo que haces, pero los bocadillos son nuestros.

El Pastor Mayor le ofrece a la oveja negra un trozo de pan duro, que el animal roe de su mano mientras él la acaricia. El cordero manchado aprovecha para mamar de la ubre de su madre, pero en cuanto esta engulle todo el pan, regresa al río y deja sola a su cría.

Una vez quise reunir un rebaño de ovejas negras. Imagínate noventa como esta desgraciada.

PASTOR MENOR.— ¿Por qué te dio por ahí?

PASTOR MAYOR.— Me evitaba marcar a las mías para diferenciarlas de las de los otros ganaderos. Pero enseguida vi que era muy complicado. Siempre me salía alguna distinta a las demás.

PASTOR MENOR.— ¿Pero por qué casi todas las ovejas son blancas?

PASTOR MAYOR.— Siglos de cría selectiva. Antes la lana negra no la compraba nadie. Para poder usarla había que desteñirla. Por eso sacrificaban a las negras y solo dejaban a las blancas que se apareasen entre sí. Ahora que ya no pagan una mierda ni por la lana blanca, el poco negocio que nos queda está en la carne, y una vez desolladas el color de la lana da lo mismo. El cordero sabe igual sea blanco, negro o manchado. Escribe esto también, anda.

*Mientras comienza a almorzar, **el Pastor Mayor ofrece otro trozo de pan al cordero manchado, que come de su mano**.*

PASTOR MENOR.— Pero tú con ese manchado vas a seguir la tradición.

PASTOR MAYOR.— No quiero que me salga igual de rebelde que la madre.

El Pastor Mayor sigue comiendo y ofrece el segundo bocadillo al Pastor Menor, que ha sacado de su mochila un racimo de uvas.

PASTOR MENOR.— No, gracias.

PASTOR MAYOR.— ¿No vas a almorzar más que eso?

PASTOR MENOR.— Hoy no tengo mucha hambre.

PASTOR MAYOR.— ¿No te estarás haciendo vegetariano?

PASTOR MENOR.— Que no, papá.

PASTOR MAYOR.— Lávalas bien. Seguro que las han fumigado.

*El Pastor Menor lava las uvas en la fuente y se sienta junto al cordero manchado y el Pastor Mayor. **El Pastor Mayor silba. Los perros*** *ladran. Las ovejas salen del río y se cobijan bajo la sombra de los árboles. Algunas pastan, otras beben, otras se tumban y rumian. Cuando todos están instalados, **empieza a soplar una brisa suave y caliente. De los álamos cae una pelusa ligera y blanca, como de algodón.** El Pastor Mayor se sacude para quitársela de encima.*

Las semillas de los álamos no deberían estar aquí. Salen en primavera, no en otoño.

PASTOR MENOR.— Pero es la primera imagen bucólica de verdad que hemos visto desde que salimos.

PASTOR MAYOR.— Tú mismo. Luego no te quejes si te da la alergia.

*El Pastor Menor al final acepta el bocadillo, pero tira el pan, come lomo con uvas y escribe en su libreta. El cordero manchado y el cordero blanco se disputan el pan desechado por el Pastor Menor. **Todos almuerzan. Las pelusas de los chopos flotan.***

PASTOR MENOR.— En las églogas clásicas, cuando el ganado pace y el viento espira, los pastores, sentados a la sombra de una arboleda, junto a un arroyo o una fuente rústica como esta, se cuentan sus penas de amor.

PASTOR MAYOR.— ¿Sabías que los carneros pueden preñar a sus madres porque no las reconocen?

PASTOR MENOR.— Si hablas del incesto nos vamos a la tragedia, pero esto es una égloga, papá. Tenemos que hablar de amor puro e inocente.

PASTOR MAYOR.— Yo amo a mis ovejas.

PASTOR MENOR.— Eso no es amor puro. Es zoofilia.

PASTOR MAYOR.— Gilipollas, las quiero como un padre a sus hijos.

PASTOR MENOR.— ¿Por eso también las tratas a hostia limpia?

PASTOR MAYOR.— Si no, no razonan, chorras. Pero por supuesto que las quiero.

PASTOR MENOR.— Antes dijiste que pensabas venderlas.

PASTOR MAYOR.— Porque no me dan más que disgustos, copón. Como tú, que me obligas a hacer y decir cada cosa...

PASTOR MENOR.— Solo tienes que contarme cómo conociste a mamá en la invernada.

> *El Pastor Mayor mira hacia otro lado* y mastica con el bocadillo en una mano y la navaja en la otra. *Silencio* del Pastor Mayor.

Pero si te va a costar tanto empiezo yo.

> *El Pastor Menor, libreta en mano, comienza a cantar y **las ovejas se acercan a escucharle. Todo se detiene. También las moscas, y los copos de algodón, que quedan suspendidos en el aire.***

Álamos altos, que entre verdes céspedes
las raíces hundís en este suelo;
ovejas blancas, de esta orilla huéspedes;
lejana serranía; limpio cielo;
Tajo, que guardas oro en tu corriente,
y ninfas que bebéis en esta fuente,
oíd mi pensamiento,
que vuela mudo a la región del viento
desde este soto umbroso.
Igual que Coridón pastor penaba
por Alexis hermoso,

y Virgilio cantaba la belleza
de esclavos, y a Jacinto Apolo amaba,
así me inclina la naturaleza
a amor que no podrá decir su nombre:
estoy enamorado de otro hom /

PASTOR MAYOR.— Hijo, por favor, que somos del mundo rural...

> *El Pastor Mayor se pone en pie. Las ovejas dan un paso atrás. Los copos de algodón caen por su propio peso.*

PASTOR MENOR.— Deja que acabe. ¿No ves que la soledad amena de esta alameda a la ribera del Tajo es perfecta para que te cuente /

PASTOR MAYOR.— ¿Delante de todas estas? Solo me faltaba que al semental y a las ovejas les dé por lo mismo que a ti y al tal Virgilio, y eso sí que sería el fin del rebaño y de la trashumancia. Tú haz lo que te salga de los cojones y acuéstate con quien quieras, pero no vayas aireando tus intimidades, y menos en un teatro. Ya me has cortado la digestión del todo.

> *Cierra la navaja y arroja lo que queda de su bocadillo a lo que queda de río. Los perros corren hacia allí y se disputan el pan y el embutido.*

De verdad, no sé cómo podéis... Yo estando borracho todavía, pero sin estar borracho...

PASTOR MENOR.— Pero si no es de amor, ¿de qué vamos a habl /

PASTOR MAYOR.— De lo que no se puede hablar es mejor callarse.

PASTOR MENOR.— Papá /

PASTOR MAYOR.— Tengamos la siesta en paz.

El Pastor Mayor se tumba dándole la espalda al Pastor Menor. *Duerme o finge dormir.*

Los copos de algodón revolotean ligeros. *El hilillo de agua que manaba de la fuente se convierte en un goteo intermitente hasta que el manantial se seca del todo.*

9. Sueño o sopor o siesta

> HOMBRE 3.º: Podemos empujarlos y caerán al pozo. Así tú y yo quedaremos libres.
> HOMBRE 2.º: Tú, libre. Yo, más esclavo todavía.
> HOMBRE 3.º: No importa. Yo les empujo. Estoy deseando vivir en mi tierra verde, ser pastor, beber el agua de la roca.
>
> Federico GARCÍA LORCA, *El público*

El Pastor Mayor sestea en posición fetal. A varios metros de distancia el Pastor Menor, tumbado boca arriba, también intenta dormir. Descansan sobre el lecho de pelusas blancas caídas de los chopos y discuten en silencio, telepáticamente.

PENSAMIENTO DEL PASTOR MAYOR.— Por tu culpa ya ni puedo dormir /

PENSAMIENTO DEL PASTOR MENOR.— Qué más quisiera yo no haber nacido inútil, ser como los demás /

PENSAMIENTO DEL PASTOR MAYOR.— Un borrego carnívoro que extinguirá la especie /

PENSAMIENTO DEL PASTOR MENOR.— Y hablar en prosa y decir "hostias" y "copón" y "chorras" e "hijodeputa" todo junto /

PENSAMIENTO DEL PASTOR MAYOR.— Nada más feo que matar a un padre /

PENSAMIENTO DEL PASTOR MENOR.— Se dice *pegar* a un padre.

PENSAMIENTO DEL PASTOR MAYOR.— Yo sé lo que me digo.

PENSAMIENTO DEL PASTOR MENOR.— Pero si soy incapaz de matar a una mosca /

PENSAMIENTO DEL PASTOR MAYOR.— Toda la vida sacrificándome por ti /

PENSAMIENTO DEL PASTOR MENOR.— Yo no te lo pedí /

PENSAMIENTO DEL PASTOR MAYOR.— Y ahora a mi edad me obliga a hacer este viaje /

PENSAMIENTO DEL PASTOR MENOR.— Me niego, no quiero ser padre /

PENSAMIENTO DEL PASTOR MAYOR.— Y decir palabras y palabras para no decir nada /

PENSAMIENTO DEL PASTOR MENOR.— Ya he sido hijo y no me parece una experiencia muy recomendable /

PENSAMIENTO DEL PASTOR MAYOR.— Para no contar por qué todos os vais a las ciudades /

PENSAMIENTO DEL PASTOR MENOR.— Bastante tengo con sobrevivirte /

PENSAMIENTO DEL PASTOR MAYOR.— Por qué todos huis /

PENSAMIENTO DEL PASTOR MENOR.— El mundo que heredaste va a terminar aquí conmigo /

PENSAMIENTO DEL PASTOR MAYOR.— Puestos a no contar nada, hay cosas que es mejor no decir, o decir de otra manera /

PENSAMIENTO DEL PASTOR MENOR.— Se llama *metáfora*, papá /

PENSAMIENTO DEL PASTOR MAYOR.— Tanta égloga y tanta mariconada, pero no te atreves /

PENSAMIENTO DEL PASTOR MENOR.— Por ejemplo, una égloga es
una metáfora /

PENSAMIENTO DEL PASTOR MAYOR.— Y un lobo puede ser un ángel
mensajero /

PENSAMIENTO DEL PASTOR MENOR.— Lo estoy haciendo por ti /

PENSAMIENTO DEL PASTOR MAYOR.— Un hijo que se venga de su
padre. Un hijo que viaja con su padre para sacrificarlo. Atrévete
a decirlo /

PENSAMIENTO DEL PASTOR MENOR.— Lo estoy haciendo por nosо-
tros /

PENSAMIENTO DEL PASTOR MAYOR.— ¿Matar al padre también es
una...

PENSAMIENTO DEL PASTOR MENOR.— ¿Metáfora? Ahora soy yo
quien te ordena silencio /

PENSAMIENTO DEL PASTOR MAYOR.— Hay que hacer, no decir. Y lo
que me haces decir no va a ninguna parte /

PENSAMIENTO DEL PASTOR MENOR.— *Silencio* significa separación,
soledad, pueblo vacío /

PENSAMIENTO DEL PASTOR MAYOR.— Por tu culpa no puedo dor /

PENSAMIENTO DEL PASTOR MENOR.— Pues déjame tranquilo y cuenta ovejas, copón, que lo sabes hacer mejor que yo. ¿No ves que
soy inútil?

PENSAMIENTO DEL PASTOR MAYOR.— Escribe al menos para que este mundo mío no se acabe.

PENSAMIENTO DEL PASTOR MENOR.— Respira y calla.

PENSAMIENTO DEL PASTOR MAYOR.— La que bebe con ansia...

PENSAMIENTO DEL PASTOR MENOR.— Por la boca.

PENSAMIENTO DEL PASTOR MAYOR.— La machorra...

PENSAMIENTO DEL PASTOR MENOR.— Con la boca abierta y con los ojos bien cerrados.

PENSAMIENTO DEL PASTOR MAYOR.— El semental de los cojones gordos..., el manso..., la de las ubres secas..., la que se va a morir..., la negra descarriada..., el cordero manchado que nos comeremos para Nochebuena...

> *El Pastor Mayor se duerme con los ojos cerrados y la boca abierta. Sopla un viento africano que desprende más algodón de las ramas de los álamos. Los copos blancos están por todas partes. Hace un calor sofocante pero el Pastor Menor tirita y se acurruca. Rebusca en las mochilas algún abrigo. Coge dos cazadoras vaqueras, las vuelve del revés y con el forro de lana hacia fuera se cubre; con una los brazos y el tronco, y con la otra las piernas.*

PENSAMIENTO DEL PASTOR MENOR.— *(Al público)* Si yo soy incapaz de distinguir a las ovejas, que son todas tontas e iguales, ¿creéis que ellas tampoco me reconocerán?

> *El viento africano sopla más fuerte. El Pastor Menor se pone a cuatro patas y desaparece entre el rebaño. Después de unos instantes su espalda se abre paso entre los otros lomos y asoma la cabeza en primera línea de lo que fue el cauce del río antes de*

que se lo bebiera el camalote. **Mira a su alrededor e imita a las ovejas.** *Mordisquea unas plantas con cara de amargor. El carnero lo olisquea.*

UNA OVEJA.— El pasto es mío.

PASTOR MENOR.— Come tranquilo. Estaba terminando.

UNA OVEJA.— En este rebaño solo cabe un macho.

PASTOR MENOR.— De verdad que ya me iba.

UNA OVEJA.— Yo soy el auténtico semental.

OTRA OVEJA.— ¿No has oído a tu padre, manso inútil?

PASTOR MENOR.— Gracias.

OTRA OVEJA.— Cariño, creo que le ha quedado claro.

El Pastor Menor se aleja del carnero escupiendo la hierba. Empujando a otras ovejas logra colocarse un par de metros más allá, siempre en primera línea del río, entre la oveja negra y la preñada.

OTRA OVEJA.— Come más, que después hasta la noche no volveremos a probar bocado.

PASTOR MENOR.— Me duele el estómago.

OTRA OVEJA.— ¿Cuál de los cuatro?

PASTOR MENOR.— No lo sé.

OTRA OVEJA.— No puedes separarte del rebaño.

OTRA OVEJA.— Por muy rebelde que seas, nunca te convertirás en una cabra.

PASTOR MENOR.— Yo soy inútil, pero no dañino.

OTRA OVEJA.— ¿De qué te escondes?

OTRA OVEJA.— No existen los cruces entre cabras y ovejas, son genéticamente imposibles.

PASTOR MENOR.— ¿Y si caminamos hacia atrás para volver a un pasado mejor?

Hay remolinos de copos de pelusa. Cada vez más y más rápidos. El viento africano se convierte en un vendaval de algodón. Todo se vuelve blanco. Hasta la oveja negra.
Fundido en blanco.

La tarde

10. DOS BOTELLAS

Si pretendo terminar con la desdichada relación que nos une, debo hacerlo por caminos que, en lo posible, no tengan nada que ver contigo.

KAFKA, *Carta al padre*

La tormenta de algodón blanco remite. Con ella se desvanece el oasis en forma de alameda, y también el río, los pastores y el rebaño.

El aire no se mueve. El sol avanza.

El paisaje ya es otro. Una dehesa árida. Sus encinas y sus matorrales dispersos se comban por el calor de un octubre que parece julio. Anunciado por una nube de polvo y el zumbido de un ejército de moscas, el ganado reaparece ondulando en la llanura. Los pastores, las ovejas y los perros caminan al borde de la deshidratación.

UNA OVEJA.— El paciente refiere ingesta de formol.

OTRA OVEJA.— Presenta irritación severa del tubo digestivo, pero no se advierten perforaciones esofágicas o gástricas.

OTRA OVEJA.— Se realiza un lavado de estómago.

OTRA OVEJA.— No se detectan quemaduras cutáneas ni requiere respiración artificial.

OTRA OVEJA.— El hijo quiere vivir en la tierra verde, ser pastor y beber el agua de la roca.

PASTOR MENOR.— Pero ya llevamos cinco horas andando bajo el sol y ni rastro de fuentes. Solo barrancos secos, tierra seca y pasto seco. Y el rebaño duda si dar media vuelta.

OTRA OVEJA.— El hijo también.

PASTOR MAYOR.— Tengo sed.

OTRA OVEJA.— El padre camina delante.

OTRA OVEJA.— El hijo va detrás y carga con dos botellas iguales.

OTRA OVEJA.— Dos botellas de plástico de coca-cola exactamente iguales.

PASTOR MENOR.— Esta botella contiene formol. Esta botella contiene agua de lluvia.

PASTOR MAYOR.— Dame de beber.

PASTOR MENOR.— El formol es un líquido incoloro. Se usa en los servicios funerarios para preservar los cadáveres con el fin de colocarlos en los féretros donde se velarán. En ganadería se usa para curar una infección que afecta a las pezuñas de las ovejas. Las ovejas tienen cuatro estómagos. Los gatos tienen siete vidas.

OTRA OVEJA.— El hijo tiene dos botellas.

OTRA OVEJA.— El padre tiene sed.

OTRA OVEJA.— Hace nueve meses que no llueve.

PASTOR MAYOR.— ¿Me das la botella de una vez o qué?

> El Pastor Mayor se detiene a esperar al Pastor Menor, que le tiende una de las botellas.

PASTOR MENOR.— Esta botella contiene agua de lluvia.

El Pastor Mayor estira el brazo hacia la botella. Hace tanto calor que el tiempo se ralentiza.

OTRA OVEJA.— La sensación de ardor en la boca, la garganta y el estómago continuará durante una semana.

OTRA OVEJA.— Beba agua y leche animal en abundancia.

OTRA OVEJA.— En caso de prolongarse el dolor, acuda al servicio de urgencias.

*A pesar del calor y la lentitud, **el Pastor Mayor se dispone a beber**. Justo cuando va a apoyar la boca de la botella en sus labios, **el Pastor Menor le empuja**. La botella cae al suelo y el formol se derrama, dejando un charco que tarda pocos instantes en ser absorbido por la tierra agrietada. El suelo de la dehesa también tiene sed.*

PASTOR MAYOR.— ¿Qué haces?

PASTOR MENOR.— Estoy harto de todo. De las putas moscas. De las putas ovejas. De los ladridos de los putos perros. De andar. De llevar la casa a cuestas. De dormir al raso. Del frío. Del sol. De la falta de lluvia. Del polvo. De las pulgas. De las garrapatas. Del olor a mierda. De comer mierda. Del pan duro. Y sobre todo de ti. Estoy hasta los mismísimos cojones de mi puto padre. Me voy.

PASTOR MAYOR.— ¿Pero adónde vas a ir con la calor que hace?

PASTOR MENOR.— A la ciudad.

PASTOR MAYOR.— ¿Andando?

PASTOR MENOR.— Hasta que encuentre una carretera comarcal y me cruce con el primer coche que me lleve a la estación de autobuses o de trenes más cercana.

PASTOR MAYOR.— ¿Pero tú sabes dónde estamos?

PASTOR MENOR.— Pues...

Silencio breve. El Pastor Menor mira a su alrededor.

Pues la verdad es que no.

PASTOR MAYOR.— Ancha es Castilla.

Silencio.

PASTOR MENOR.— Pero si sigo el curso del río, sé que antes o después llegaré a algún lugar civilizado.

PASTOR MAYOR.— Entonces no tendrás que llevar agua.

PASTOR MENOR.— ¿La del Tajo se bebe?

PASTOR MAYOR.— ¿Tú qué crees?

Silencio. El Pastor Menor bebe un trago, le lanza la botella de coca-cola al Pastor Mayor y da media vuelta.

¿No te despides?

PASTOR MENOR.— No me van a echar de menos.

PASTOR MAYOR.— Ya te conocen. ¿No ves que no te extrañan cuando te acercas a ellas?

PASTOR MENOR.— Pues a mí me siguen pareciendo todas iguales. Tontas e iguales. Y casi es mejor así, porque si me encariño con alguna tú la acabarás matando y el día menos pensado me la encuentro descuartizada en el congelador.

Se gira de nuevo pero enseguida vuelve sobre sus pasos.

¿Por dónde tengo que ir?

PASTOR MAYOR.— ¿Al río? El embalse está ahí, justo detrás de esta loma. Nosotros también vamos en esa dirección.

El rebaño, escoltado por los perros, ha apretado el paso y ha rebasado la cima, dejando solos a los pastores.

PASTOR MENOR.— ¿No me vas a pedir que me quede?

PASTOR MAYOR.— ¿Yo? ¿Por qué?

PASTOR MENOR.— Porque no sé cómo salir de aquí. Porque podría darme una insolación si me olvido de ponerme la gorra o de echarme crema. Porque el agua del Tajo no es potable, ¿no? Porque, según tú, estas, que son todas tontas e iguales, me van a echar de menos aunque yo siga sin distinguirlas. Y porque eres mi padre, y se supone que los padres tienen que preocuparse por los hijos, aunque nos zurrarais de pequeños, aunque lo hicierais por nuestro bien, y se supone que nos tenéis que pedir que nos quedemos con vosotros para cerraros los ojos en vuestro lecho de muerte.

PASTOR MAYOR.— A ver si va a resultar que el que no quiere irse eres tú.

El Pastor Mayor bebe agua de la otra botella de coca-cola y retoma el camino. El Pastor Menor recoge del suelo la botella vacía y le sigue.

PASTOR MENOR.— Me quedo solo esta noche.

PASTOR MAYOR.— Hasta que tu égloga termine.

PASTOR MENOR.— Pero luego /

PASTOR MAYOR.— Luego ya veremos.

PASTOR MENOR.— Pues eso... Ya veremos.

11. *ET IN ARCADIA EGO*

> Pero esa agreste región central del Peloponeso [la Arcadia], rodeada de montañas, escasamente poblada y de un clima inclemente, nunca estuvo a la altura de su leyenda.
>
> Santiago BERUETE, *Verdolatría*

Cuando los pastores pasan al otro lado de la loma, delante de sus ojos se extiende un embalse sin agua. Cientos de hectáreas de tierra acartonada y blanquecina.

PASTOR MENOR.— Está vacío.

PASTOR MAYOR.— Qué desastre.

PASTOR MENOR.— Vacío del todo. Como si alguien hubiese quitado el tapón del desagüe.

PASTOR MAYOR.— Y si siguen pastando aquí van a acabar sin dientes.

PASTOR MENOR.— ¿Cómo?

PASTOR MAYOR.— Que cuanto más a ras de suelo pacen, más arena comen, y con cada mordisco se les desgasta la dentadura. Míralas.

En el fondo de la hondonada las ovejas mordisquean y lamen los bloques de arenisca de lo que parecen unas casas derruidas.

¿Qué hacen entre aquellas piedras? ¡Serán desgraciadas! Fuera de ahí. Tirad para arriba, hostias.

El Pastor Mayor silba y les arroja un guijarro. Las ovejas salen al **trote** *en dirección a la loma de enfrente, hacia lo que fue la margen contraria cuando el río aún era río. Los perros ladran.*
Los pastores aprietan el paso. *Siguen las cagarrutas del rebaño sobre el suelo cuarteado hasta llegar al lugar donde se ha detenido el ganado. Allí unos sillares de granito alineados delatan el trazado de una antigua calle.* **Poco a poco se adentran en el pueblo que décadas atrás desapareció bajo las aguas del embalse.**

En época de sequía el pueblo de tu madre a veces asoma por encima del pantano. Pero nunca tanto como ahora.

Pastor Menor.— El agua se ha comido las tapias de adobe, pero las de piedra siguen en pie.

Pastor Mayor.— Menos la iglesia.

Pastor Menor.— ¿No era de piedra?

Pastor Mayor.— Sí. Por eso la dinamitaron, para que no sobresaliera por encima de la cota del embalse. Para que los habitantes del pueblo olvidasen dónde estuvieron sus casas.

Mientras avanzan entre las ruinas, **el Pastor Menor se detiene frente al esqueleto oxidado de una cama** *de hierro con las patas hundidas en el barro seco.*

Después de que cerraran las compuertas, tu abuelo se negó a marcharse. Se despertó de madrugada con las sábanas empapadas y tuvo que atravesar el olivar con el agua por las rodillas.

Pastor Menor.— ¿Pero les obligaron a irse sin más?

Pastor Mayor.— Les indemnizaron por persona, por cada borrego, por cada gallina. Una miseria, claro.

PASTOR MENOR.— Era el Plan Badajoz. Había que producir electricidad para las ciudades.

PASTOR MAYOR.— Supongo.

PASTOR MENOR.— Los pueblos de alrededor tuvieron más suerte.

PASTOR MAYOR.— En los otros pueblos las casas se salvaron, pero les inundaron las tierras de cultivo y se tuvieron que ir igual a la ciudad.

PASTOR MENOR.— ¿Y en tu pueblo de la sierra por qué se marcharon?

PASTOR MAYOR.— Hay muchas maneras de ahogar a la gente.

PASTOR MENOR.— Lo sé.

PASTOR MAYOR.— Todos os acabáis yendo.

PASTOR MENOR.— Prefiero marcharme a tiempo antes que despertar en una cama a la deriva.

> *Los pastores abandonan el pueblo abandonado. Cruzan el lecho negro y vacío del viejo cauce del Tajo sorteando peces amojamados y restos resecos de camalote. Esta vez el Pastor Menor no se entretiene cogiendo jacintos y nenúfares, pero recoge del suelo un coletero fluorescente.*
> *Los perros ladran. Unos metros más allá hay una oveja muerta. Es la oveja que se iba a morir.*

Tenías razón.

> *Los pastores contemplan el cadáver inmóviles. El rebaño retrocede hasta quedarse a escasos metros de su compañera difunta. Los*

pastores se quitan la gorra en señal de respeto. Todos, animales y personas, guardan un largo minuto de silencio. Los perros no ladran, las ovejas no balan, los cencerros dejan de sonar. Solo se escucha el zumbido de las moscas que revolotean alrededor del cuerpo inerte.

Pasado el tiempo de duelo protocolario, el Pastor Menor rompe el silencio con un susurro tímido.

¿Y ahora qué hacemos?

PASTOR MAYOR.— No podemos cargar con ella.

PASTOR MENOR.— ¿Pero entonces?

PASTOR MAYOR.— Es ley de vida.

PASTOR MENOR.— ¿Si tú te murieras te gustaría que te dejase aquí tirado?

PASTOR MAYOR.— No es lo mismo.

*Mientras discuten, **un buitre desciende con las alas extendidas; un buitre negro, solitario, acompañado por su inevitable coro de urracas. El buitre se posa sobre la oveja muerta; la despedaza con el pico y con las garras, le saca las tripas y le devora las entrañas.***

No, hombre, no, no. Esto no puede ser.

Espanta al buitre y recompone a toda prisa las vísceras de la oveja muerta, devolviéndolas al interior de su caja torácica. Luego palpa el bolsillo del pantalón del Pastor Menor y le coge el teléfono móvil. Marca un número.

PASTOR MENOR.— Papá, esto no es verosímil. Se supone que no tenemos red. ¿No ves que ya estamos en Extremadura?

PASTOR MAYOR.— Es el número de emergencias. *(Al teléfono) (...)* En el pantano, a la altura del pueblo sumergido. *(...)* No, no. De aquí no nos movemos. *(...) (Al Pastor Menor, con una colleja)* Ponte la gorra. *(Al teléfono)* Muchas gracias, muy amable.

Cuelga y le devuelve el móvil al Pastor Menor.

Vuelve a decir: "Tenías razón".

PASTOR MENOR.— ¿Cómo?

PASTOR MAYOR.— Di: "Tenías razón".

PASTOR MENOR.— Tenías razón.

El Pastor Mayor, los dos perros y las ovejas vivas agachan la cabeza y guardan un minuto de silencio por la oveja difunta. El Pastor Menor los mira confuso.
De repente aparece un todoterreno del Seprona. Una pareja de guardiaciviles se baja del vehículo.

UN GUARDIACIVIL.— Buenas tardes, caballeros. ¿Dónde está la res?

El Pastor Mayor señala a la oveja muerta. Un guardiacivil se enfunda unos guantes de látex y examina someramente el cadáver mientras el otro abre el maletero del coche y se dirige al Pastor Menor.

OTRO GUARDIACIVIL.— Documentación.

El Pastor Menor señala al Pastor Mayor, que saca de la mochila una carpetilla llena de papeles. El Otro guardiacivil los revisa.

PASTOR MAYOR.— Los hijosdeputa de los terratenientes tienen la culpa. Por la mierda de fertilizantes y plaguicidas que echan. Estaba mala desde que pasamos por unas viñas plantadas en la mitad de la cañada. Y eso es ocupación ilegal de la vía pública, copón. Luego dicen que si las ovejas se meten en lo sembrado. Pero las consecuencias las sufrimos nosotros. Y mira que los hemos denunciado veces, hostias, pero es que les da igual.

El Otro guardiacivil devuelve la documentación al Pastor Mayor, se pone los guantes de látex y ayuda a su compañero a cargar la oveja muerta dentro del maletero.

OTRO GUARDIACIVIL.— Eso no nos compete, caballero. Ponga usted una queja a la Consejería de Agricultura y Medio Ambiente.

UN GUARDIACIVIL.— Buenas tardes.

El coche arranca y desaparece entre una nube que cubre de polvo a los pastores y al rebaño. **Cae la tarde.**

12. DEFENSA DE LA INUTILIDAD

Yo nunca he guardado rebaños, pero es como si los guardara.

Alberto CAEIRO / Fernando PESSOA,
El guardador de rebaños

La nube de polvo se desvanece. **El ganado y sus dueños proyectan sombras cada vez más alargadas.**

PASTOR MENOR.— ¿Por qué me cambias la escena?

PASTOR MAYOR.— Porque está prohibido /

PASTOR MENOR.— Pero, papá, ¿qué pinta aquí la Guardia Civil? Que yo no quiero hacer un drama rural. Que esto es una égloga, no el *Romancero gitano* ni *El Lute.*

PASTOR MAYOR.— Si te parece dejo que saques lo del buitre /

PASTOR MENOR.— ¿Es que no entiendes que la imagen del buitre despedazando el cadáver de la oveja es mucho más mitológica y potente que lo del todoterreno del Seprona?

PASTOR MAYOR.— Pues eso no lo puedes sacar. Es ilegal dejar carroña en /

PASTOR MENOR.— *(A los maquinistas, o al más allá)* **Por favor, que baje otra vez el buitre y le devore las entrañas a cualquiera de estas.**

Revuelo entre las ovejas. Los perros ladran hacia arriba.

PASTOR MAYOR.— Me quieres buscar la ruina /

PASTOR MENOR.— Tú ocúpate de las ovejas y yo me encargo del teatro. ¡Que baje el buitre!

PASTOR MAYOR.— Ya está bueno de gilipolleces.

Da un paso y sale del paisaje.

Quiero que vuelvas a escribir la égloga o lo que chorras sea y que quede bien claro que yo no hago cosas prohibidas como abandonar cadáveres tirados en medio del campo, copón. Y que esta gente sepa que te lo estás inventando todo. Que por mi pueblo no pasa el río Tajo. Pasa el Júcar. Que no hay ninguna cañada que vaya desde la Serranía de Cuenca hasta Extremadura, porque aquí vienen de Ávila o de Soria o de León, y de mi pueblo íbamos cruzando La Mancha hasta las sierras de Jaén. Y que con un rebaño de noventa cabezas no puedes recorrer en un día cuatrocientos y pico kilómetros andando. Que nuestros perros, además de ladrar, tienen muchas más habilidades, aunque en realidad para tan poco ganado no harían falta ni perros. Y que mis ovejas no hablan, copón. Bueno, ni las mías ni ninguna, pero las mías desde luego no. Y que yo no he dicho que los maricones tengáis la culpa de que los pueblos se vacíen, ni mucho menos del fin de la especie, que eso está en tu cabeza solamente. Y que además una cosa es la sequía y otra la plaga del camalote, que tampoco ha salido en este río, sino en el Guadiana. Y que el agua del Tajo no se puede beber. Y que los pastores y la gente normal no hablamos en verso ni cantamos intimidades ni gilipolleces. Porque no estamos en la edad dorada. Y Castilla no es Grecia, copón. Y si sigo así no acabo nunca. ¿Y sabes qué? Que todo esto te pasa por no documentarte, o por documentarte mal, por fiarte más de ese sarasa de Virgilio que de tu padre, por creerte lo que pone en los libros griegos o lo que dicen internet y los neorrurales en vez de preguntarme a mí, que soy el que de verdad sabe de animales y de campo. Porque tú, hijo, sabrás mucho de teatro y escribirás lo que te dé la gana en ese cuaderno, pero para la vida real eres inútil.

Le arrebata la libreta al Pastor Menor. Forcejean.

PASTOR MENOR.— Yo seré un inútil, pero no vengas dándotelas de autoridad absoluta en la materia porque, si nos ponemos puntillosos con la realidad, tú no has hecho la trashumancia desde que tenías quince años, y ni siquiera hacías todo el viaje andando con los bichos, porque os montabais en tren con ellos y solo caminabais desde la estación hasta la finca donde pastaban. Porque tú ya no eres pastor. Tú eres un cartero jubilado que tiene un rebaño de veinte ovejas para entretenerse un rato por las tardes y que, no contento con que tu hijo escriba una obra sobre ti y hasta te la dedique y te ponga a protagonizarla, vas y me jodes la égloga con tus críticas de mierd /

PASTOR MAYOR.— Encima de que me ofrezco a actuar en esta cosa que no va a ninguna parte /

PASTOR MENOR.— Tengo muy claro lo que quiero contar.

PASTOR MAYOR.— ¿Y por qué no desarrollas lo de Abraham?

PASTOR MENOR.— ¿Y tú qué sabes?

PASTOR MAYOR.— ¿Qué pasa si el chaval /

PASTOR MENOR.— Isaac se llama.

PASTOR MAYOR.— ¿Qué pasa si el chaval se desata y se rebela contra el padre?

PASTOR MENOR.— No subestimes al público.

PASTOR MAYOR.— Hablas en verso para evitar decir las cosas importantes.

PASTOR MENOR.— A ver, ¿qué son las cosas importantes?

PASTOR MAYOR.— Eso lo tendrás que decir tú, que eres el que escribe. Yo entiendo de ovejas, no de personas, y mucho menos de teatro.

PASTOR MENOR.— Una égloga cuenta historias de amor, ya te lo he dicho.

PASTOR MAYOR.— ¿Y por qué me has traído aquí?

PASTOR MENOR.— No te he traído. Yo he venido a acompañarte.

PASTOR MAYOR.— ¿Por rencor o por venganza?

Silencio. El Pastor Mayor busca algo con la mirada.

PASTOR MENOR.— Di lo que te toca.

PASTOR MAYOR.— No hables así a tu padre.

El Pastor Menor recupera su libreta. La abre, pasa varias páginas y señala con el dedo un pasaje para que el Pastor Mayor lo lea.

No entiendo tu letra.

Silencio. El Pastor Menor susurra el texto al oído del /

¿Has oído eso?

Silencio.

PASTOR MENOR.— He sido yo, papá.

PASTOR MAYOR.— No era tu voz. Sonaba distinta. Ha dicho: "Silencio. El Pastor Menor susurr /".

PASTOR MENOR.— Repite conmigo.

Vuelve a susurrar al oído del Pastor Mayor.

PASTOR MAYOR.— Mira cómo a lo lejos
se despiden el día
y el fugitivo sol, de luz escaso.
Ocultos tras la sierra, sus reflejos
caminan al ocaso
y extienden hacia aquí su sombra fría.
Ven en mi compañía.
Vámonos recogiendo paso a paso.

Silencio. El Pastor Mayor se pone en marcha, vuelve a entrar en el paisaje y se adelanta al rebaño para guiarlo loma arriba. El Pastor Menor se queda atrás y escribe en su libreta. El sol desaparece detrás de las montañas.

Anochecer

13. EL PERRO ES UN LOBO PARA EL HOMBRE

> Y creó Dios al hombre a su imagen, a imagen de
> Dios lo creó; varón y hembra los creó. Y los ben-
> dijo Dios, y les dijo: "Creced y multiplicaos; lle-
> nad la tierra, y sojuzgadla, y señoread en los peces
> del mar, en las aves de los cielos, y en todas las
> bestias que se mueven sobre la tierra".
>
> Génesis 1: 24-31

*El cielo está despejado, lleno de estrellas, pero una gran nube den-
sa y negra avanza decidida de la sierra hacia el sur.*
*El Pastor Mayor encierra al ganado en el redil portátil. El Pastor
Menor trocea pan duro con una navaja junto a una cocina impro-
visada, compuesta por una neverita y un campin gas. Algo se coci-
na a fuego lento en la majada.*
*Un aullido rompe el silencio negro de la noche. Los perros ladran.
El Pastor Menor se sobresalta.*

PASTOR MAYOR.— Es raro que ataquen a las personas. No digo que
no ataquen, pero no suelen hacerlo. *(Acercándose al Pastor Menor,
remueve con un cucharón de madera el contenido de la sartén)* Cuando yo era pequeño, en mi tierra ya no había lobos. Habían acabado
con ellos los pastores.

PASTOR MENOR.— ¿Porque les mataban las ovejas?

PASTOR MAYOR.— Claro.

El aullido se repite, esta vez más cercano.

PASTOR MENOR.— Habría que exterminarlos del todo.

> *El Pastor Mayor saca de la sartén un sofrito de tocino y embutidos. Con dos rebanadas de pan y un par de torreznos prepara dos aperitivos. Le ofrece uno al Pastor Menor.*

Las migas me sientan fatal. Y de noche peor.

PASTOR MAYOR.— Esto no le hace mal a nadie, copón. *(Comiéndose su tapa de un bocado)* Unas migas con sus torreznos, su buen chorizo...

PASTOR MENOR.— *(Rechazando la tapa que le ofrece el Pastor Mayor)* Papá, te he dicho mil veces que soy intolerante al gluten. Y tú, tal y como estás del estómago desde lo del formol, normal que luego tengas pesadillas. Con la acidez y los gases que dan los embutidos. ¿No ves que las migas llevan todos los ingredientes para que te dé una indigestión?

PASTOR MAYOR.— Si tú no quieres se las echamos a los perros.

PASTOR MENOR.— No sería la primera vez que te cargas un perro a base de pimentón.

PASTOR MAYOR.— Come y calla.

> *Da buena cuenta del segundo aperitivo. Echa en la sartén varias cabezas de ajos sin pelar y pimientos verdes y rojos cortados en tiras. El Pastor Menor sigue troceando pan.*

PASTOR MENOR.— Por eso te tenía miedo.

PASTOR MAYOR.— Qué tonterías dices.

PASTOR MENOR.— El corral estaba negro por la humedad. Ese invierno sí que había llovido.

*Silencio. **El Pastor Mayor remueve.** El Pastor Menor deja de trocear pan, saca su libreta y lee.*

PASTOR MAYOR.— Sigue cortando pan.

PASTOR MENOR.— El suelo amaneció lleno de plumas.

PASTOR MAYOR.— La muy hijadeputa sabía perfectamente lo que había hecho.

PASTOR MENOR.— Estabas fuera de ti.

PASTOR MAYOR.— Por eso se escondía por los rincones. Y como era negra pensaba que no la vería en ese suelo negro /

PASTOR MENOR.— Pero las gallinas desplumadas dejan rastro /

PASTOR MAYOR.— Hacen falta más migas.

El Pastor Menor sigue leyendo.

PASTOR MENOR.— Mamá intentaba calmarte: "Tranquilízate, cariño; solo estaba jugando /".

PASTOR MAYOR.— Era salvaje, mitad perra, mitad loba /

PASTOR MENOR.— Pero le dabas patadas. Le golpeabas el lomo y las costillas con un palo. Y pedías un ladrillo o una piedra para abrirle la cabeza /

PASTOR MAYOR.— Esa perra mataba a las gallinas a mordiscos /

PASTOR MENOR.— Los animales no saben lo que hacen.

PASTOR MAYOR.— Esta sí que lo sabía. No era la primera vez. Se lo tenía dicho.

PASTOR MENOR.— Era la primera vez /

PASTOR MAYOR.— Tú eras demasiado chico como para acordarte /

PASTOR MENOR.— *(Soltando la libreta)* Tenía siete años y medio. Recuerdo que volviste de la cocina con una bolsa de plástico llena de pimentón de La Vera. Y cogiste del suelo mojado una gallina muerta y medio desplumada. Parecía de papel. Rebozaste la gallina con el pimentón y se la enseñabas a la perra: "¿A que te gustan las gallinas? Pues come, bonita, come /".

PASTOR MAYOR.— Tú no estabas en el corral /

PASTOR MENOR.— Se te van a quemar las migas.

> *El Pastor Mayor remueve el contenido de la sartén con fuerza, rascando el fondo con el cucharón.*

PASTOR MAYOR.— Y si estabas, tendrías los ojos cerrados, como siempre.

> *Silencio. El Pastor Mayor mezcla el sofrito de verduras con la carne y vuelve a colocar la sartén en el fuego. De la nevera saca una bolsa transparente. Mete la mano dentro y echa un puñado de su contenido sobre la sartén. Inmediatamente después añade agua de la botella de coca-cola. Remueve.*

PASTOR MENOR.— Te acercabas despacio y le decías: "Come, bonita, come". No recuerdo dónde ni cuándo habías encontrado el ladrillo para darle en la cabeza, pero sí recuerdo que a base de hostias ella dejó de ladrar. Solo soltaba gemidos agudos y rotos. Después de los ladrillazos ya no te costó sujetarle la mandíbula para que abriera bien la boca. "Ahora sí que te la vas a comer. Vamos, traga, hijadelagranputa. No vas a dejar ni una pluma. Cómetela entera, grandísima hijadeputa. Toda entera, hasta la última pluma. Traga, traga. Traga ya". Y se quedó callada en un rincón, con un montón de plumas a su alrededor. También recuerdo que al acabar tenías las manos manchadas de sangre.

PASTOR MAYOR.— No era sangre. Era pimentón de La Vera.

> *Silencio. Un perro oscuro, distinto a los dos que acompañan al rebaño, se acerca a los pastores jadeando.* Trae con él la nube negra y pesada que venía de la sierra y ahora cubre el cielo.
> *El Pastor Menor se levanta y se aparta. Algunas migas caen al suelo. El Pastor Mayor, con las manos rojas de pimentón, acaricia al perro oscuro.*

¿Por qué eres tan arisco con tu padre?

14. LA FIESTA DEL CORDERO

> Por lo general, el hombre se ha alimentado de animales; pero el cazador es siempre también un guerrero, guiado por impulsos agresivos. Detrás de todo sacrificio está, como posibilidad, como amenaza aterradora, el sacrificio humano.
>
> Walter BURKERT, *El origen salvaje*

El Pastor Menor se arrima al ganado, que descansa en el redil. Aprieta fuerte los ojos y la navaja con la que cortaba el pan duro. El Pastor Mayor echa las migas en la sartén y las remueve de abajo hacia arriba con la cuchara de madera. Con la otra mano acaricia al perro oscuro. El Pastor Menor respira a soplos pequeños por la nariz.

PASTOR MENOR.— Me dijiste que la primera vez te costó muchísimo porque no sabías cómo hacerlo. Se lo habías visto hacer a tu padre y al padre de tu padre, pero no sabías cómo hacerlo tú. Y te daba miedo.

A mí también me da miedo. Porque el miedo se hereda, aunque respire por la boca.

Aquí estoy. Voy a seguir la tradición familiar. El pasado es presente y tengo treinta años.

Pero me da tanto miedo que no puedo mirar. No cierro los ojos. No respiro por la nariz. Por la boca sí. Con los ojos y la boca bien abiertos.

Aquí estoy. Tenemos fuego y leña.

Sé que hay que pinchar en el cuello, justo detrás de la cabeza, en un espacio que queda entre la primera vértebra del cuello y la cabeza. La vena principal.

Abro los ojos. El presente es el pasado. Pero no recuerdo si es más adelante o más atrás. Tengo miedo de no encontrar ese hueco por el que pasa la vena principal. El Señor proveerá. No me atrevo a mirar. Pero tengo que hacerlo, como mi padre y como el padre de mi padre. Tengo que abrir los ojos para que no sufra.
Aquí estoy. Respiro. Por la nariz no. Por la boca.
Voy a hacerlo. Ahora. El futuro no existe. Es ahora cuando alargo la mano con los ojos y la boca bien abiertos para no confundir mi carne con su carne.

PERRO-LOBO.— Solo te costará degollarlo. Desollarlo y trocearlo es mucho más fácil.

> *El Pastor Menor camina a ciegas guiado por los gemidos del Perro-lobo. Se ve un relámpago y un instante después se oye un trueno, como un anuncio de un rayo o de la hora de cenar. El Pastor Menor abre los ojos. Suena algún cencerro.*
>
> *El Perro-lobo huye, y tras él se van ladrando los dos perros que acompañaban al rebaño. Los tres se adentran en el monte y se pierden para siempre en la noche oscura.*
>
> *El Pastor Mayor se gira y descubre justo detrás de él al Pastor Menor, de pie, con la navaja en la mano.*

PASTOR MAYOR.— ¿Dónde está el cordero para el sacrificio?

PASTOR MENOR.— Aquí estoy.

PASTOR MAYOR.— Si me matas se acaba el espectáculo y no podrás volver a hacerlo otro día.

PASTOR MENOR.— Si te mato me convierto en ti.

> *El Pastor Mayor sonríe y tiende su mano vacía hacia el Pastor Menor.*

PASTOR MAYOR.— Dame el cuchillo, inútil.

Otro relámpago ilumina el cielo y la dehesa.

¿Qué ha sido eso?

PASTOR MENOR.— Un relámpago.

PASTOR MAYOR.— No, la voz.

PASTOR MENOR.— ¿Qué voz?

PASTOR MAYOR.— La voz de antes, que ahora ha dicho: "Otro relámpago ilumina el cielo y la dehesa".

PASTOR MENOR.— Yo no he dicho nada, papá.

PASTOR MAYOR.— La he oído.

PASTOR MENOR.— A ver si va a ser el ángel de Abraham.

Silencio.

PASTOR MAYOR.— La estoy oyendo. Ha dicho: "Silencio".

El Pastor Menor aparta la mano en la que aprieta la navaja. Con la mano libre coge el plato del sofrito. Usa la navaja para arrastrar su contenido a la sartén, donde se mezcla con las migas. Después cierra la navaja y se la devuelve al Pastor Mayor, que sigue dando vueltas a las migas con la cuchara de madera.
Se oye otro trueno, ahora más lejos.

PASTOR MENOR.— Yo sé que nunca podré degollar a un cordero.

PASTOR MAYOR.— Uno se acaba acostumbrando a todo.

PASTOR MENOR.— No quiero seguir la tradición de esta familia.

El Pastor Menor le quita la cuchara al Pastor Mayor. Remueve las migas de arriba hacia abajo.

PASTOR MAYOR.— Así no. De abajo hacia arriba.

Guía con su mano la mano del Pastor Menor. Empieza a llover.

15. La tradición familiar acaba aquí

> Honra a tu padre y a tu madre para que tus días
> se alarguen en la tierra que tu Dios te da.
>
> Éxodo 20: 12

*El Pastor Mayor se pone de pie y extiende la palma de la mano hacia el cielo. **Cae una lluvia fina y constante.** El Pastor Menor sigue removiendo, ya sin ayuda.*

PASTOR MAYOR.— El secreto de las migas es que estén empapadas. Les vendrá bien.

PASTOR MENOR.— ¿Y ahora que ha vuelto la lluvia ya podemos regresar?

PASTOR MAYOR.— ¿Has acabado tu égloga?

PASTOR MENOR.— En teoría ya tendría que haberse terminado, porque las églogas acaban cuando anochece para los pastores.

PASTOR MAYOR.— Pero antes de marcharnos repite la receta, a ver si eres capaz de hacerla tú solo.

PASTOR MENOR.— ¿Te das cuenta de que al final hemos hecho la obra que tú has querido y no una égloga?

PASTOR MAYOR.— Repite la receta.

PASTOR MENOR.— Hemos troceado el pan duro. Hemos picado el tocino y el chorizo, los hemos frito y /

PASTOR MAYOR.— Y los hemos apartado.

PASTOR MENOR.— Hemos sofrito el ajo y los pimientos cortados en tiras y /

PASTOR MAYOR.— Y los hemos apartado.

PASTOR MENOR.— Y en ese mismo aceite /

PASTOR MAYOR.— A fuego lento.

PASTOR MENOR.— Hemos echado un puñado de pimentón de La Vera.

PASTOR MAYOR.— No te pases con el pimentón.

PASTOR MENOR.— Hemos echado el pimentón y /

PASTOR MAYOR.— Puede ser dulce, agridulce o picante, como quieras.

PASTOR MENOR.— Hemos echado el pimentón de La Vera y enseguida hemos añadido agua para que el pimentón no se queme.

PASTOR MAYOR.— Muy bien, inútil.

PASTOR MENOR.— Me la sé porque la tengo escrita en el cuaderno.

PASTOR MAYOR.— Te la sabes porque me has visto hacer migas muchas veces.

PASTOR MENOR.— Por suerte, no repito todo lo que te he visto hacer desde pequeño.

PASTOR MAYOR.— No seas rencoroso y vengativo, chorras. Sigue con la receta.

PASTOR MENOR.— Hemos removido un poco. Y enseguida hemos echado las migas, y hemos removido /

PASTOR MAYOR.— De abajo hacia arriba, no de arriba hacia abajo.

PASTOR MENOR.— Y hemos añadido el chorizo y los torreznos y los ajos y los pimientos a las migas /

PASTOR MAYOR.— Y seguimos removiendo hasta que queden bien sueltas.

> *El Pastor Menor obedece y vuelve a remover las migas de abajo hacia arriba.*

Y hay que probarlas.

> *Coge la cuchara de madera, la llena de migas y se la mete en la boca al Pastor Menor.*

PASTOR MENOR.— ¿Y ya está? Qué fácil, ¿no?

PASTOR MAYOR.— Luego para servirlas unos les echan uvas, otros cerezas, otros chocolate... Depende de cada sitio y de cada familia. Las migas admiten muchos sabores. Hay quien les echa un huevo.

PASTOR MENOR.— También hay gente que les echa miel o mermelada.

PASTOR MAYOR.— Pero eso es una mariconada.

PASTOR MENOR.— Papá, por fav /

PASTOR MAYOR.— Come y calla, inútil.

El padre y el hijo comen directamente de la sartén. Sigue lloviznando. Huele a tierra mojada, a pimentón y a migas.

¡Otra vez esa voz!

Pastor Menor.— Son las acotaciones, papá. Es lo que dice el autor que hacen los personajes. Se supone que no las oímos ni tú ni yo, ni tampoco el público. Solo las vemos representadas.

Pastor Mayor.— ¿Y eso lo has escrito también tú?

Pastor Menor.— Claro.

Pastor Mayor.— Pues yo quiero decir *anotaciones*.

Pastor Menor.— Acotaciones.

Pastor Mayor.— Como se diga. Yo también quiero hablar así.

Pastor Menor.— Tú vas a hacer siempre lo que te dé la gana, aunque sea mi égloga.

Pastor Mayor.— Hazme el favor y déjame decir *anotaciones* bonitas para terminar.

El Pastor Menor le extiende la libreta abierta y señala la última acotación.

(Leyendo) "Las ovejas duermen. Alguna ronca".
(Al Pastor Menor) Esto no es bonito, copón.

Pastor Menor.— Sigue, papá.

Pastor Mayor.— *(Leyendo)* "Entre sus cuerpos amontonados asoma el cordero manchado que los pastores iban a comerse para

Nochebuena. Se abre paso entre la lana blanca pero sucia de sus compañeras de viaje y llega hasta la malla portátil que les sirve de redil. La mordisquea y, con maña propia de un cabrito rebelde, consigue abrir el cercado. Tras él, muy despacio, empieza a salir el resto del rebaño".

(Al Pastor Menor) Se despierta el ganado pero se duerme el público, chorras. No hay acción ni violencia.

PASTOR MENOR.— Te lo dije: una égloga es una historia de amor.

PASTOR MAYOR.— *(Leyendo)* "Las ovejas se acercan tranquilas a los pastores y todos, animales y personas, comen migas de la misma sartén bajo la lluvia fina".

(Al Pastor Menor) Esto me gusta más.

PASTOR MENOR.— Acaba.

PASTOR MAYOR.— No entiendo tu letra.

PASTOR MENOR.— *(Leyendo, apoyado en el hombro del Pastor Mayor)* "El Pastor Menor se apoya en el hombro de su padre y lee lo que él mismo ha escrito. Sigue lloviendo. Siguen comiendo migas. Entre las polvorientas encinas brilla el cauce del río Tajo, que vuelve a llenarse de agua. El pueblo inundado desaparece de nuevo. El equipo femenino de natación sincronizada se deja llevar por la corriente hacia el océano. Pausa. *(Pausa)* El Pastor Mayor pregunta: 'Qué dice aquí?'".

PASTOR MAYOR.— ¿Qué dice aquí?

PASTOR MENOR.— "FIN".

Otros títulos publicados en esta misma colección

DE HOMBRE A HOMBRE
Mariano Moro Lorente

LEVANTE
Carmen Losa

LA PLAYA DE LOS PERROS DESTROZADOS
Nacho de Diego

CLIFF (ACANTILADO)
Alberto Conejero

BECA Y EVA DICEN QUE SE QUIEREN
Juan Luis Mira Candel

EL AÑO QUE MI CORAZÓN SE ROMPIÓ
Iñigo Guardamino

EUDY
Itziar Pascual

LA TARDE MUERTA
Alberto de Casso

ALIMENTO PARA MASTINES
Javier Sahuquillo

EL OCÉANO CONTRA LAS ROCAS
Sergio Martínez Vila

EL SUELO QUE SOSTIENE A HANDE
Paco Gámez

ELOY Y EL MAÑANA
Iñigo Guardamino

LA ARMONÍA DE LAS ESFERAS
Marcos Gisbert

AFUERA ESTÁN LOS PERROS
Francisco Javier Suárez Lema

UNA CANCIÓN ITALIANA
Javier de Dios

VAGOS Y MALEANTES
Juan Carlos Mestre y Celia Morán